本书获得以下项目支持：

国家自然科学基金青年科学基金项目"市场结构变迁视域下数字经济对货币政策传导的影响研究：效应、机理与政策优化路径"（批准号：72403057）；

广东省哲学社会科学规划一般项目"数字经济、货币政策传导与广东省民营中小企业融资研究：市场结构变迁视域"（批准号：GD24CLJ02）。

SHUZI JINRONG
Dui Huobi Zhengce Lilü Qudao Chuandao de Yingxiang Yanjiu

数字金融对货币政策利率渠道传导的影响研究

卢 垚　战明华　◎著

中国财经出版传媒集团
经济科学出版社
·北京·

图书在版编目（CIP）数据

数字金融对货币政策利率渠道传导的影响研究 / 卢垚，战明华著. -- 北京：经济科学出版社，2025.6.
ISBN 978-7-5218-6985-9

Ⅰ．F832-39；F822.0；F832.22

中国国家版本馆 CIP 数据核字第 20259Y5L96 号

责任编辑：汪武静　朱明静
责任校对：易　超
责任印制：邱　天

数字金融对货币政策利率渠道传导的影响研究
SHUZI JINRONG DUI HUOBI ZHENGCE LILÜ QUDAO CHUANDAO DE YINGXIANG YANJIU
卢　垚　战明华　著
经济科学出版社出版、发行　新华书店经销
社址：北京市海淀区阜成路甲 28 号　邮编：100142
总编部电话：010-88191217　发行部电话：010-88191522
网址：www.esp.com.cn
电子邮箱：esp@esp.com.cn
天猫网店：经济科学出版社旗舰店
网址：http://jjkxcbs.tmall.com
固安华明印业有限公司印装
710×1000　16 开　14.5 印张　220000 字
2025 年 6 月第 1 版　2025 年 6 月第 1 次印刷
ISBN 978-7-5218-6985-9　定价：78.00 元
（图书出现印装问题，本社负责调换。电话：010-88191545）
（版权所有　侵权必究　打击盗版　举报热线：010-88191661
QQ：2242791300　营销中心电话：010-88191537
电子邮箱：dbts@esp.com.cn）

前言
Preface

当前我国外部环境正处于剧烈而深刻的变化之中，全球供应链加速重构，单边主义与保护主义严重损害国际经贸秩序，同时，金融市场频繁震荡，主要经济体货币政策转向带来的外溢效应凸显。在这一复杂背景下，国内深层次结构性矛盾又集中显现，内需不振、预期偏弱等问题交织叠加，进一步放大了未来经济发展的不确定性。如何创新宏观经济调控思路，有效抵御负面冲击、提升政策灵活性与前瞻性，成为当前我国政策制定者亟须破解的重大课题。

在此背景下，构建更加完善的货币政策调控框架、健全市场化的利率形成和传导机制，不仅是党中央在战略层面的重要部署，更是应对外部复杂冲击、服务实体经济高质量发展的现实要求。党的二十大明确提出"健全宏观经济治理体系"，中国人民银行各级部门也多次强调要进一步疏通货币政策传导渠道，完善利率形成和传导机制，推动社会综合融资成本下降。这一系列政策导向，突显了畅通利率传导渠道的政策紧迫性。然而，利率渠道改革的推进仍然面临诸多深层次挑战，基准利率体系尚不健全、金融市场分割、信用体系和金融基础设施建设不足、

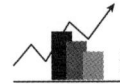

金融机构产权和治理结构问题、地方政府行政干预或政策性导向压力等体制性障碍依然存在，不同程度地阻碍了利率信号的有效传导，影响了货币政策调控的精准性与有效性。

  与此同时，中国数字金融的快速发展为这一进程带来了新的机遇。2024年，根据中国人民银行《支付体系运行总体情况》数据可知，全国第三方支付交易规模预期突破600万亿元。根据上市银行年报核心数据，六大国有银行金融科技投入已超1254亿元。数字技术对金融体系产生了颠覆式的冲击，也深刻改变了作为货币政策传导中介介质——金融市场的结构特征。这一深刻变迁，使得传统的新凯恩斯主义货币政策传导理论面临新的挑战：在以快速结构变迁为典型特征的转型经济大国，货币政策传导效果的决定因素，可能远不止于名义价格黏性，更多地取决于金融市场结构及其摩擦特性。而数字金融，正是重塑这一特性的关键力量。

  本书《数字金融对货币政策利率渠道传导的影响研究》正是在这一宏大背景下展开。

  本书受国家自然科学基金项目（No.72403057）、广东省哲学社会科学规划一般项目（No.GD24CLJ02）的资助。与已有研究相比，本书的视角力求更加独特和系统，不仅结合了宏观层面的总量效应分析和微观层面的机制识别，还从企业、银行、地区、信息异质等多重角度，拓展了数字金融影响利率渠道的传导逻辑。核心结论主要包括：数字金融显著提高了货币政策利率渠道的整体传导效率，改善了企业投资面临的信贷配给问题，但对于居民消费的影响不显著；优化了利率信号在不同市场环节的传导路径，但也在不同规模银行之间形成了分布效应。此外，本书基于信息异质的独特视角，发现数字金融虽提升了标准化信息处理能力，但对依赖非标准化信息的关系型融资作用仍存在局限性。这些发现，不仅深化了对数字经济条件下货币政策传导机制的理解，也为政策制定者优化利率渠道改革路径提供了理论支持与实证依据。

未来，数字金融与货币政策的深度交融仍将持续演变，新的问题和挑战也必将不断涌现，笔者也将持续关注新条件下货币政策传导的相关问题研究。希望本书的研究能为后续学者提供一些有价值的参考，也希望能为构建更加全面高效、精准灵活的货币政策调控体系贡献一份绵薄之力。

卢 垚

于广东外语外贸大学金融学院

2025 年 4 月

目录 Contents

▲ 第一章

绪论 / *001*

第一节　选题背景与研究意义 / *001*

第二节　本书结构与研究方法 / *006*

第三节　本书创新与不足 / *012*

▲ 第二章

概念界定、基本事实与文献回顾 / *016*

第一节　核心概念界定 / *016*

第二节　数字金融发展与货币政策利率渠道传导的基本事实 / *021*

第三节　相关文献回顾 / *030*

第四节　本章小结 / *043*

▲ 第三章

数字金融影响货币政策利率渠道传导的理论分析 / *045*

第一节　货币政策利率渠道传导的理论基础 / *045*

第二节 数字金融影响金融摩擦的理论机理 / 049

第三节 数字金融影响货币政策利率渠道传导的理论模型 / 051

第四节 本章小结 / 060

第四章

数字金融对货币政策利率渠道关于企业投资传导的影响 / 063

第一节 数字金融影响货币政策利率渠道对企业投资传导的研究设计 / 064

第二节 实证结果分析 / 076

第三节 稳健性检验 / 082

第四节 进一步分析 / 087

第五节 本章小结 / 091

第五章

数字金融对货币政策利率渠道关于居民消费传导的影响 / 094

第一节 问题的提出 / 095

第二节 数字金融发展与居民消费变化的基本事实 / 097

第三节 数字金融影响货币政策利率渠道对消费传导效果的理论分析 / 100

第四节 实证研究设计 / 102

第五节 实证结果分析 / 104

第六节 稳健性检验 / 107

第七节 进一步分析 / 112

第八节 本章小结 / 113

第六章

异质企业视角下数字金融对货币政策利率渠道影响的结构效应 / 116

第一节　问题的提出 / 117

第二节　理论分析与假设提出 / 118

第三节　实证研究设计 / 124

第四节　实证结果分析 / 125

第五节　稳健性检验 / 127

第六节　进一步分析 / 131

第七节　本章小结 / 134

第七章

异质信息视角下数字金融对货币政策利率渠道影响的异化效应 / 136

第一节　问题的提出 / 137

第二节　实证研究设计 / 139

第三节　实证结果分析 / 143

第四节　稳健性检验 / 146

第五节　进一步分析 / 149

第六节　本章小结 / 164

第八章

异质银行视角下数字金融对货币政策利率渠道影响的分布效应 / 166

第一节　问题的提出 / 167

第二节　理论分析与假设提出 / 168

第三节　实证研究设计 / 172

第四节　实证结果分析 / 174

第五节　稳健性检验 / 179

第六节　异质性分析 / 184

第七节　本章小结 / 187

第九章
研究结论和政策建议 / 190

第一节　研究结论 / 190

第二节　政策建议 / 193

参考文献 / 196

后记 / 221

第一章 Chapter 1

绪　论

第一节　选题背景与研究意义

一、选题背景

随着全球政治经济形势的剧烈变化，我国面临着全球供应链重构、发达国家央行缩表，以及部分行业和地方政府债务高企等严重负向经济冲击，2023 年 12 月召开的中央经济工作会议指出，在一段时期内，我国经济仍将面对"有效需求不足，部分行业产能过剩，社会预期偏弱，风险隐患仍然较多，国内大循环存在堵点以及外部环境的复杂性、严峻性、不确定性上升"等诸多挑战。面对国内外经济复杂严峻的冲击，与主要目的为调结构的财政政策相比，以熨平各种负向冲击为主要目标的货币政策，在新形势下面临如何进一步优化传导机制、提高传导效率的紧迫任务。虽然近几年来，为了贯彻通过结构调整来促进经济高质量发展的国家战略，以及对冲新冠疫情对我国经济造成的非均衡冲击，中国人民银行出台了包括各种借贷便利、定向降准、专项贷款等结构性货币政策

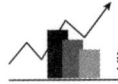

工具，并取得了良好的阶段性效果。但结构性货币政策在支持某一个行业的同时，难免会出现资金套利问题，这会引发投机性的经济泡沫。因此，无论从标准理论中的货币政策功能，还是从具体实践来看，这些基于我国特色的结构性货币政策，均具有明显的阶段性和过渡性。此外，近些年来日新月异的金融创新加剧了货币供给和最终目标之间的不稳定性，而金融市场产品发展深度不足以及制度性市场分割等问题又导致利率传导渠道的打通仍面临巨大阻碍，构建"放得开、形得成、调得动"的货币政策利率调控体制仍面临很多挑战（易纲，2021；马骏和管涛，2018）。所以，在金融市场体系日臻完善的背景下，加快完善现代货币政策调控的利率传导机制，构建和完善货币政策利率传导渠道，成为新时期提高货币政策传导效率、有效应对内外部经济冲击的必由之路，而这也是实现党的二十大报告提出的"健全宏观经济治理体系"的关键环节。

但是，根据金融摩擦理论，在非完美金融市场条件下，现实政策实践中的货币政策传导环境远非凯恩斯或新凯恩斯主义描述的，仅基于商品市场价格黏性来调控货币供应即可实现最终目标的理想状态，而是需要先通过金融结构所组成的"中介介质"来实现的。而特别的是，近些年来，以云计算、大数据和区块链的技术运用为特征的数字金融的迅速兴起，全方位地改变了中国金融体系的业务模式和运行机制，描绘了中国金融结构变迁的全新时代图景（黄卓和沈艳，2019）。因此，以数字金融发展为背景，考察新时期货币政策利率渠道传导机制的优化机理和实现路径，契合了当前中国金融体系的典型特征，是优化货币政策利率渠道传导机制并符合研究对象基本约束条件的有效切入点。

此外，虽然金融结构变迁是金融发展的常态，但与传统的证券市场和金融中介结构变迁为特征的金融发展相比，从对货币政策利率渠道传导影响机理的角度而言，数字金融的发展还凸显了如下影响货币政策利率渠道传导"中介介质"特征的新功能：第一，数字金融降低金融交易成本和解决信息不对称的途径,并非通过传统金融机构的扩张或金融中介机构将信息生产外部效应内部化,而是源于非传统金融机构——数字金融公司的信息技术发展导致的信息范围扩大和渗透深度强化,其结果便是传统金融中介机构数量的下降;第二,数字金融对利率期限结构关系的影响,不仅如传统金融发展一般通过丰富金融套利工具种类来实现,还包括通过信息技术显著改变微观主体对未来金融市场预期来实现;第三,作为交易型融资技术,数字金融主要提高了可以数码化的标准化信息获取和处理能力,而对于需要"意会"的非标准化信息,数字金融的发展并不利于其处理能力的提升,其发展对于信贷市场的异质信息处理将产生不同的影响,对具备不同信息处理优势的银行信贷行为也将产生差异影响。

由此可见,数字金融凸显的新特征和新功能,给本书提出了新时期优化和重构货币政策利率渠道的新问题:在银行主导金融资源分配的经济中,货币政策利率渠道的传导需要通过债券市场上的利率期限结构和信贷市场上的信贷供需双环节来实现,那么数字金融究竟对这两个传导环节有着什么样的影响?如何从实证上对数字金融的边际影响加以识别?数字金融作用于货币政策通过利率渠道对产出的影响,是否是通过企业投资和居民消费共同实现的?数字金融的发展是否能够弱化货币政策对居民消费的"产出之谜"?不同类型的企业面临的信贷配给程度不同,数字金融的发展是否能有效消除货币政策传导效果存在的结构性扭曲问题?鉴于信贷市场存在标准化信息与非标准化信息,但数字金融只能处理标准化的数字信息,那么银行对信贷市场非标准化信息的处理能力是否会受到影响,又如何影响了数字金融对货币政策利率渠道的影响效应?此外,不同规模的银行对于处理不同类型的信息具有差异化优势,银行发展数字金融又会如何影响货币政策利率渠道传导效果?这对于新时期优化和重构利率渠道具有何种政策含义?以上问题正是本书研究的主要内容所在。

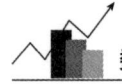

二、选题意义

(一) 现实意义

（1）通过创新宏观调控方式，本书能为新形势下达到对冲内外部严峻冲击的目标提供切实有效的路径和工具。当前我国经济依然面临国内外多重严峻冲击，疫情防控平稳转段之后经济下行"三重压力"仍然存在，经济能否按照预设路径持续复苏仍面临很多挑战，提振经济发展的动力是宏观经济调控的当务之急。本书将通过双环节协动机制研究，找出宏观调控的关键节点，打通连接金融与实体"资金输送"的渠道。

（2）本书基于利率渠道双环节协动传导的研究视角，契合了新时期中国金融体系结构变迁的特征，是理解当前特殊经济环境下中国货币政策利率传导实现机理的关键，也是把握货币政策体系转型方向的基础。本书将厘清新时期中国特色金融体系结构变迁的过程、表现、机理和影响，包括企业、家庭、央行和商业银行在数字金融引发的金融结构变迁过程中微观行为变化，对于切实提高货币政策向实体经济传导的有效性具有至关重要的作用。

（3）本书从数字金融背景出发，基于数字金融相对于传统金融发展的新功能以及功能边界，探讨金融中介结构变迁对货币政策传导渠道的影响，并最终落实到对货币政策利率渠道的重构和优化路径目标之上，可为政策部门制定最优货币政策提供具体有效的参考。通过系统研究和识别货币政策利率传导机理和效应，本书将结合中国新时期经济高质量发展的具体目标，厘清其中利率渠道传导效果、发生的新变化及存在的梗阻，进一步结合国内外的先进经验，对货币政策传导渠道进行设计优化与重构，最终形成具体务实的政策建议。

（二）理论意义

（1）立足金融结构变迁背景，为创新和构建中国特色货币政策传导理论体系提供建议。许多研究认为，不同于传统的新凯恩斯主义理论，对于以快速结构变迁为典型特征的发展中国家，影响货币政策传导的最重要因素不是各种名义黏性，而是金融体系结构及由此引致的金融市场摩擦特征，这意味着货币政策传导机制和效果是金融结构的函数。那么，作为数字金融迅猛发展的中国，金融市场结构发生了深刻变迁，在此背景下研究金融结构变迁引发的金融摩擦特征变化对货币政策利率传导机理的影响，有助于拓展丰富中国特色货币政策利率渠道传导理论体系。

（2）兼顾影响效应和机理识别，解构传导环节的"黑箱"，优化中国货币政策利率渠道双环节协动传导的理论架构。本书将采用条件脉冲响应模型以及鉴于外部环境的转变采用变系数模型等，识别金融结构变迁对货币政策传导的影响效应，并基于目前大部分研究都将传导环节作为"黑箱"而只关注政策对产出的总体效应（徐宁等，2017；尚玉皇等，2015），没有考虑信贷市场特质的影响的问题，研究还将采用宏观时序数据与微观面板数据相结合，兼顾影响效应和机理识别问题，极大优化货币政策利率传导的理论架构。

（3）结合传统金融与数字金融的功能差异，丰富和完善发展中国家货币政策理论体系。本书将结合传统金融与数字金融两者的功能异同，探究两者的关系属性；根据两者在信息处理方面的差异化优势以及不同类型微观经济主体特征，探讨其不同类型经济主体行为决策的影响，并进一步地对两者货币政策利率传导效应和影响机理的差异进行辨识和区分。因此，本书尽可能从根本上把握金融结构变迁引起的传导变化，丰富发展中国家的货币政策传导理论体系，也为转型市场经济体构建最优

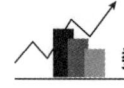

货币政策传导体系提供了科学依据。

第二节 本书结构与研究方法

一、本书结构

（一）本书逻辑架构

本书将在已有的文献研究和事实调研的基础上，遵循"特征事实提炼—理论模型推导—总量效应与机理检验—异质效应与机理拓展—政策优化设计"的总体思路展开。本书主要研究内容包括九个章节：第一章主要介绍本书的写作背景和研究意义，以及整体框架和方法选择等；第二章对本书涉及的主要概念，与研究问题相关的特征事实和文献进行总结提炼；第三章基于第二章的特征事实进行理论分析；第四章至第五章则根据第三章的理论分析结果，对数字金融对货币政策利率渠道传导的总量效应和机理进行实证检验，其中第四章为货币政策传导最终目标之企业投资部分，第五章为居民消费部分。第六章至第八章结合总量效应分析结果与主要研究对象特征进行逻辑递进的异质性分析。其中第六章基于主要作用对象：企业的特征类型，探讨数字金融是否能够消除不同类型企业资金获取机会的差异，即数字金融是否可以缓解货币政策利率渠道的结构扭曲效应；第七章基于作用主体：数字金融的技术特征，探讨由于数字金融对不同类型信息处理能力存在差异，导致的对货币政策利率渠道影响的异化效应和机理。第八章则在第四章分析结论的基础上，考察主要作用中介：不同类型银行发展数字金融对货币政策利率渠道影响的差异。最后，基于以上分析，第九章总结本书的研究结论，提出数字金融环境下构建和优化货币政策利率传导渠道的路径设计与政策建议。

本书研究思路框架如图1-1所示。

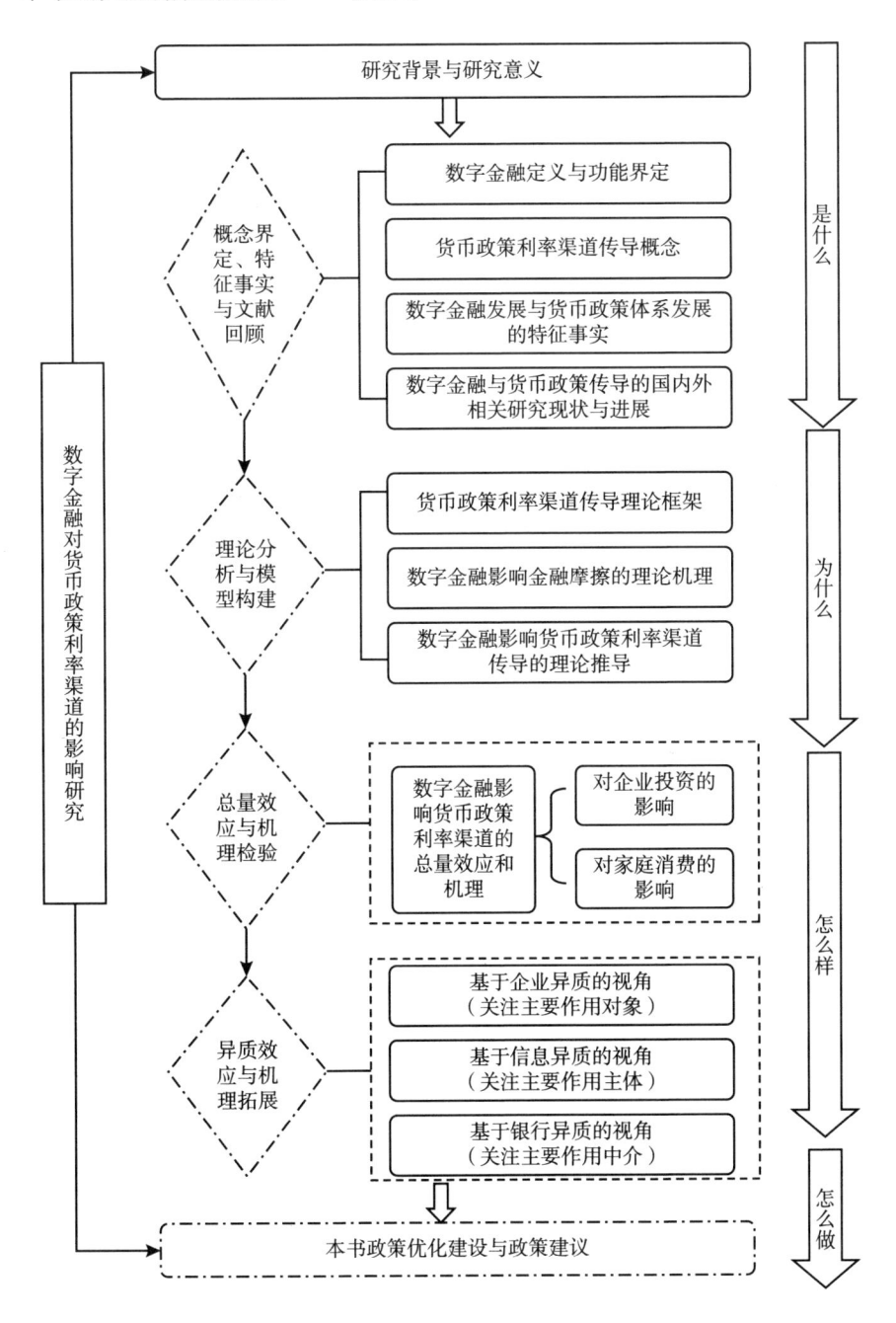

图 1-1 研究思路框架

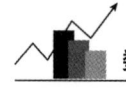

（二）本书章节安排

基于以上逻辑思路，本书各章节具体内容安排如下：

第一章，绪论。本章主要研究内容为厘清数字金融影响货币政策利率渠道传导的研究背景与研究意义、整体研究架构、研究方法，研究的创新与不足、明确全书的整体研究逻辑框架和技术路线。

第二章，概念界定、基本事实与文献回顾。本章主要研究内容一是对数字金融、货币政策利率渠道传导等核心概念进行界定，明确数字金融与传统金融的功能边界，同时明晰货币政策利率渠道传导的概念以及传导链条；二是对中国数字金融发展以及货币政策体系发展历程进行特征事实总结；三是对国内外相关文献进行回顾总结，突出本书的边际贡献。

第三章，数字金融影响货币政策利率渠道传导的理论分析。本章内容包括对货币政策利率渠道传导理论的发展情况进行梳理总结，构建数字金融影响货币政策利率渠道传导的理论模型，并从数字金融对金融市场信息交易成本和市场交易成本出发，构建三部门可计算动态一般均衡模型（CGE模型），从理论层面分析数字金融对货币政策利率渠道传导的影响机理。

第四章，数字金融对货币政策利率渠道关于企业投资传导的影响。本章主要围绕货币政策利率渠道传导两环节——包括利率期限结构环节和信贷市场质量环节，通过总量效应分析和微观机理分析两个层面，实证检验数字金融对货币政策通过利率渠道对企业投资影响的总量效应和作用机理。此部分为数字金融对货币政策利率渠道影响的总量效应研究的构成部分。

第五章，数字金融对货币政策利率渠道关于居民消费传导的影响。

基于理论和现实原因，已有研究绝大部分都基于企业投资进行探讨，极少对居民消费进行分析，但总体来看，利率渠道传导对象不仅包括企业投资，也包括家庭消费。因此，本章也对居民消费的影响进行检验，基于利率对消费存在收入效应和替代效应的理论框架，实证分析货币政策利率渠道是否对居民消费的传导存在"产出之谜"，以及数字金融背景下是否有所改善的问题。结合第四章内容，本章节也属于总量效应研究的构成部分，其主要目的一方面在于完善研究框架，另一方面在于识别数字金融影响货币政策利率渠道的主要作用对象，侧面支撑第四章的研究结论。

第六章，异质企业视角下数字金融对货币政策利率渠道影响的结构效应。在总量分析的基础上，本章开始对异质性展开探讨。首先，本章进一步基于利率渠道的主要作用对象：企业的特征差异，对研究对象进行拓展分析。基于企业规模异质性，本章通过理论模型推导和实证检验，探讨数字金融条件下货币政策利率渠道对投资影响的结构效应和机理路径，由此回答数字金融如何改变货币政策利率渠道存在结构扭曲效应的问题。

第七章，异质信息视角下数字金融对货币政策利率渠道影响的异化效应。本章主要基于对利率渠道的主要作用主体：数字金融，对信贷市场异质信息的功能差异，对作用机理进行拓展分析。由于数字金融本身作为交易型贷款技术，对标准化信息和非标准化信息的作用效果不同，本章围绕数字金融对货币政策利率渠道可能产生的异化效应和机制进行研究，由此探讨数字金融发展对货币政策利率渠道传导效果影响的异化效应和机理。

第八章，异质银行视角下数字金融对货币政策利率渠道影响的分布效应。承接第七章对作用机理的研究结论，本章进一步围绕利率渠道的主要传导中介：银行的特征差异，对作用中介进行拓展分析。由于不同

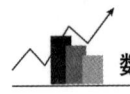

规模银行处理不同类型信息的优势不同,面临的信贷市场质量也不同,因此不同银行发展数字金融会导致企业融资约束缓解效应存在基于银行规模分布的特点。根据以上逻辑,本章主要探讨银行规模异质导致的数字金融对货币政策利率渠道传导效果可能产生的分布效应和机理。

第九章,研究结论和政策建议。本章主要基于以上各章节的研究结论,对数字金融环境下如何畅通和构建货币政策利率传导渠道提出相关政策建议和优化路径。

二、研究方法

本书采用多种方法展开研究,既包括定性研究法,也包括定量研究法,主要根据每章的研究主题,选择合适的研究方法,主要研究方法列举如表1-1所示。

表1-1 本书主要研究方法

方法类型	方法名称	方法描述	适用章节	适用性
定性分析类型	归纳法与演绎法	对已有文献资料、历史与现实进行观察与归纳,然后,从中按照一定逻辑,推理与演绎出一定的规律性的结论与假设	第二章、第三章	1. 归纳国内外数字金融发展的经验事实和相关文献研究。 2. 理论分析框架和计量模型的构建,需要遵循经济逻辑的直觉与文字演绎
定性分析类型	文档分析法	分析书面材料,如政策文件、报纸、日记、信件等,以达到理解历史背景、政策变化、社会态度等,发现规律的目的	第二章、第六章、第八章	包括对货币政策体系的发展情况,数字金融业务模式调研、不同经济主体行为决策习惯等材料内容进行收集和分析
定性分析类型	比较分析法	通过对两个不同的对象,或一个经济时序过程的两种不同状态进行对比分析,找出其中的差异性,并给出产生这种差异性的原因	第二章、第四章~第八章	1. 数字金融影响很可能具有时变性,需要从比较分析中发现不同时期数字金融对货币政策利率渠道的作用效果。 2. 数字金融发展国内外相关经验需要进行比较分析

续表

方法类型	方法名称	方法描述	适用章节	适用性
定量分析类型	可计算一般均衡模型（CGE）	一种用于分析经济政策变化对经济系统各部门之间相互作用和整体经济活动影响的数学模型，通过建立多个市场上所有经济主体的行为和决策过程的数学表示，来模拟整个经济的运行机制和均衡状态	第三章	通过构建企业和银行的最优化行为决策模型，结合中央银行货币政策规则模型，推导货币政策利率渠道的两环节传导过程，并结合金融摩擦理论和利率期限结构理论推导数字金融对货币政策利率渠道传导的影响机理
	系统估计法	此方法将所研究的问题看作一个系统，描述这个系统中各变量的关系，需要多重的因果关系，每一重因果关系构成了一个方程，因而数学上就体现为一个联立方程组	第四章	系统性地探究数字金融对货币政策利率渠道传导机制的影响，需要考虑多个变量的因果关系，这些因果关系构成了不同的方程系统
	结构向量自回归模型（SVAR）	结构向量自回归（SVAR）模型是标准VAR模型的一种扩展，通过引入了结构性假设来识别模型中的冲击。这些假设通常基于经济理论，可区分不同来源的冲击，并更准确地解释经济时间序列数据	第四章和第五章	基于经济理论对变量之间的作用进行短期约束，以识别货币政策利率渠道传导路径和影响效应，为对比数字金融影响下的传导效果打下基础
	条件（ZVAR）模型	通过在基准SVAR模型中增加系统内生变量与影响机制变量交叉项，并在这种条件下通过观察政策冲击的效应，可有效识别某种机制变量对内生变量效果的影响	第四章和第五章	利用区间值时间序列数据的自回归（IVAR）模型，结合结构向量自回归（SVAR）基准模型可以更好地识别数字金融发展对于货币政策利率渠道的总体影响效应同时探究相关影响机制
	动态面板门槛回归模型	这是一种非线性的模型构建方法，主要适用于如下情况：当模型中的某一个变量达到一个临界值时，模型的形式会发生变化	第八章	需要识别数字金融对不同规模银行贷款企业融资作用的功能边界，也就是数字金融作用于不同规模银行贷款行为的阀值识别
	逐步回归法	为了识别哪些是影响被解释变量重要因素，利用线性计量经济学模型中加入新的变量后，整个模型的显著性变化、其他变量的显著性变化、引入变量的显著性变化来识别重要因素	第四章~第八章	数字金融可能通过多种传导机制来影响利率渠道传导，因而通过逐步回归法可以识别各传导机制的现实表现

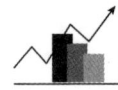

续表

方法类型	方法名称	方法描述	适用章节	适用性
定量分析类型	动态分位数回归法	这一方法关注解释变量（政策等）变动对被解释变量（如经济结构）的不同分位数的影响，可以更全面地考察政策对关注变量的全方位的影响效果	第七章	1. 中国不同类型企业的发展状况存在较大的异质性差异。2. 对于数字金融的冲击，不同市场主体也具有不同的行为响应
	非线性回归法	这种方法主要用于建立自变量和因变量之间的非线性关系，以此反映变量之间可能随着变量水平的变化而变化的关系	第六章	用于反映不同类型企业投资对利率的敏感性在数字金融背景下可能出现的非线性关系
	系统广义矩估计法	这种方法适用于处理动态面板数据模型中的内生性问题，利用时间序列的内在动态特性和横截面的信息，同时结合变量的差分（以解决时间序列的自相关问题）和水平（原始值）数据，来增强模型的估计效率和一致性	第五章~第七章	由于企业投资现金流模型加入了投资的滞后项，从而导致误差项与解释变量之间相关联，引入内生性问题，采用此方法可以缓解传统方法存在的估计偏误

第三节 本书创新与不足

一、创新之处

（1）从金融结构变迁的视角，研究了数字金融背景下新时期中国货币政策利率渠道传导机理。作为货币政策传导的中介介质，金融结构在理解货币政策的传导当中具有无可替代的地位。以往关于货币政策的少量研究，也关注了传统金融结构的影响，但数字金融的发展作为近几年来中国金融结构变化最突出的特征，鲜有文献从数字金融的角度研究此类问题。

（2）从金融摩擦的功能性视角，揭示了数字金融影响货币政策利率渠道传导的微观机理。传统的关于金融结构与货币政策传导关系的研究，大多关注的是金融风险结构的发展对信贷配给的影响。但是根据"阿罗—德布鲁—麦肯锡"一般均衡理论，金融摩擦才是货币政策传导的微观基础，本书也将从中进一步揭示数字金融通过影响金融摩擦进而作用于货币政策利率传导渠道的微观机理。

（3）从"双环节"传导的视角，构建了利率期限结构和信贷市场质量双环节协动机制下货币政策利率传导渠道的新的理论框架。货币政策利率传导渠道链条上包括了"货币政策工具变动—短期市场利率的变动—长期贷款利率变动—产出变动"，在这个链条中，利率期限从短期利率向长期利率传导需要利率期限结构的作用；从长短利率到企业投资和居民消费，需要经过信贷市场。因此，从利率期限结构和信贷市场双环节协动出发，构建理论模型，契合了数字金融通过金融摩擦影响货币政策利率渠道的理论逻辑。

（4）从构建动态一般均衡理论模型出发，推出非竞争性假设，通过IVAR模型进行总体效应检验以及单方程模型进行微观机理检验和异质性检验，构成完整严密的技术逻辑分析框架。由于本书主要以数字金融影响下的金融结构变迁为背景，但动态随机一般均衡模型（dynamic stochastic general equilibrium model，DSGE）具有的短期不确定性以及主观灵活性等特征，并不适用于分析长期的大范围结构性变化背景下的政策模拟分析。本书加入了数字金融变量的三部门可计算一般均衡模型，更适用于分析数字金融背景下金融结构发生重大变迁的中国金融体系研究。此外，本书还将进一步采用加入数字金融影响的IVAR模型，分离出数字金融的影响效应，再通过系统高斯混合模型（System-Gaussian mixture model，

System-GMM）和逐步回归法等对数字金融的影响机理和异质性进行检验，可以准确而且全面地刻画新时期数字金融背景下的货币政策利率渠道传导效应与机理。

（5）基于信贷市场存在标准化与非标准化信息，而数字金融作为交易型贷款技术对于非标准化信息不具备缓解信息不对称的作用效应的逻辑，对银行发展数字金融对于企业融资约束作用的局限性展开研究。这是目前笔者在有限的文献搜索范围内，首次针对信贷市场异质信息对数字金融的异质作用效应和机理进行考察，并由此探讨数字金融对货币政策利率渠道传导的影响，微观层面对于银行和金融机构识别数字金融作用的局限性，宏观层面注重传统金融与数字金融的耦合，畅通货币政策利率渠道传导，具有重要政策含义。

（6）本书基于货币政策利率渠道为货币政策通过"政策短期利率—货币市场短期利率—贷款长期利率"渠道最终作用于总产出的传导路线，不仅分析了数字金融对货币政策通过利率渠道对企业投资的影响，也考察了数字金融对货币政策利率渠道对居民消费的影响，由此全面考察了数字金融对货币政策利率渠道传导效果的影响机理和效应。不仅有助于清晰认识政策当局畅通货币政策利率渠道对企业投资和居民消费的影响效应，也为如何有侧重地畅通货币政策利率渠道传导，促进经济平稳增长提供了理论和实证依据。

二、不足

本书虽然在数字经济高速发展新环境下较为全面深入地考察了数字金融对货币政策利率渠道传导的影响效应和机理，但依然存在以下问题和难点有待进一步提高和解决。

（1）囿于数据获得的局限性，目前无法对数字金融通过利率渠道作用于中国小微企业的影响展开更加全面细致的探讨。

（2）由于数字金融发展时间较短，难以探讨数字金融发展对货币政策利率渠道传导更长期的影响效应。此外，由于存在指标衡量的不统一和数据获取的局限性，也难以更全面地通过实证分析探讨国内外影响的差异。

（3）由于中国存在明显的金融市场分割和结构异质特征，采用DSGE模型进行模拟存在较为明显的主观性，也无法体现中国的结构异质性对货币政策利率渠道的影响，因此，本书没有采用DSGE模型进行数据仿真模拟，而是采用VAR模型和微观计量模型相结合的方式，探讨总体效应及微观机理。

（4）考虑到学术研究的目标有限性和可行性原则，本书没有也难以对货币政策利率渠道的最终传导对象进行全面而具体的分析检验，而是主要围绕如何能有效优化政策体系以畅通数字金融背景下货币政策利率渠道传导，提升利率渠道传导效果为最终目标，对可能通过政策优化以改善的主要影响因素和机制路径展开探讨。

第二章 Chapter 2

概念界定、基本事实与文献回顾

第一节 核心概念界定

一、数字金融的界定

近些年来，以云计算、大数据和区块链的技术运用为特征的数字金融的迅速兴起，全方位地改变了中国金融体系的业务模式和运行机制。但同时，与数字金融定义相似的概念还包括"互联网金融""金融科技"。以上三者之间有何区别？作为金融创新，数字金融与传统的金融创新又有何不同？以下本书将从三者概念的对比，以及围绕数字金融在形式、主体和功能方面的特征出发，对"数字金融"进行界定。

（一）数字金融的概念

根据黄益平和黄卓（2018）的定义，广义的数字金融是指传统金融机构与互联网公司利用数字技术实现融资、支付、投资以及其他新型金融业务模式。这个概念与"互联网金融""金融科技"有所重叠，但不完全相同。"互联网金融"，根据中国人民银行等十部门2015年发布的《关于促进互联网金融健康发展的指导意见》中的定义，是指传统金融机构与互联网企业利用互联网技术和信息通信技术实现资金融通、支付、投资和信息中介服务的新型金融技术模式。"金融科技"（FinTech），在很多场景下与"数字金融"概念并用，但这一概念更多侧重强调金融创新的"技术驱动"，即以数字技术为主要驱动力，改造或创新金融产品、经营模式和业务流程等。而根据戈尔德斯坦等（Goldstein et al., 2019）的定义，"数字金融"指金融和技术的融合，但具有两个独特之处：一是新技术测试和引入金融业务的速度比以往任何时候都快；二是这场"数字金融革命"大部分变化都发生在金融业之外。

由以上概念可见，"金融科技"与"数字金融"的概念更为接近，但前者侧重于技术本身对金融领域的创新，后者更加强调技术与金融服务的深度融合。这两者与"互联网金融"之间的差别主要集中在采用的是"数字技术"还是"互联网技术"上。"互联网金融"主要关注的是互联网技术，即不同计算机通过互联网在全球范围内的相互连接和交互，包括物理硬件和软件应用。而"金融科技"的概念更广泛，不仅包括了互联网技术，还包括了非互联网的数字技术，如计算机、移动设备、数字存储、数字电路和其他使用或生成数字信息的设备和系统。"数字金融"则不仅仅关注金融服务的数字化，还包含了更广泛的金融与技术的创新结合方式，比如区块链、人工智能、大数据分析等金融技术，涵盖的范围更为广泛。

因此，"互联网金融""金融科技"和"数字金融"虽然从概念上看，某些方面是重叠的，但它们在重点和应用方面有所不同。本书的研究对象是"数字金融"，根据以上概念的比较可知，数字金融不仅仅关注互联网技术，还包括了更广泛的非互联网数字技术；但与金融科技主要

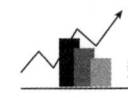

偏向于技术的创新和整合不同,数字金融更为关注技术的应用,即金融服务的数字化。

(二) 数字金融的特征

1. 形式界定

数字金融具有多种表现形式,常见的表现形式包括:移动支付、移动银行、P2P 贷款、数字钱包、加密货币与区块链、人工智能服务、保险科技、股权众筹等,其主要功能和技术特点如表 2-1 所示。

表 2-1　　　数字金融的主要表现形式、功能与技术特点

表现形式	主要功能	核心技术特点
电子支付系统	提高交易效率	加密技术和安全协议、即时与移动支付技术、云计算
数字货币	去中心化、安全性和匿名性、边际成本低、流通性强	区块链技术
在线贷款服务	促进金融包容性、提高风险管理和监控能力	大数据分析、人工智能与机器学习、数字平台
投资与理财服务	在线交易平台、自动化投资顾问、实时市场分析与资讯	人工智能与机器学习、区块链技术、云计算和大数据分析、APIs 和集成平台
保险科技	提供个性化保险产品,实时风险评估和定价,简化申请和理赔流程,预测分析与平台信息共享	物联网、人工智能与机器学习、云计算和大数据分析、区块链技术、APIs 和集成平台

资料来源:笔者整理绘制。

由表 2-1 可见,虽然数字金融的各种形式具有特定功能和服务特点,但共同特点包括以下几点:一是技术驱动,无论是移动支付还是 P2P 贷款,都依赖于数字技术平台或解决方案;二是实时与无边界服务,跨越时间和空间的限制,提供实时响应;三是以用户为中心,注重用户体验,定制化和互动性强;四是便利性,减少了金融中介和物理设施,成本更低效率更高;五是数据驱动决策,通过大数据分析等标准化信息处理技术驱动决策;六是信息透明度高,允许用户实时跟踪交易或管理账户。

2. 主体界定

机构供给者方面：数字金融虽然主要来源于数字金融公司，如专注于提供创新金融服务的 P2P 贷款公司等第三方金融机构，但在数字技术的驱动下，银行和其他传统金融机构也是运用数字金融的重要金融机构。此外，电子商务公司，如阿里巴巴，也涉及数字金融领域；支付服务提供商、区块链和加密货币公司、众筹平台等，也是数字金融的主要运用者和提供者。

市场需求者方面：数字金融不仅为普通的金融市场参与者提供日常交易、投资、储蓄、转账等数字化金融服务，更重要的是，数字金融作为普惠金融的重要载体，为金融市场弱势群体提供了重要的金融服务机会。因此，相对于传统金融，数字金融的服务对象还包括了中小企业、没有达到传统金融服务门槛的群体。

3. 功能界定

根据勒维内（Levine，1997）为代表的金融功能观认为，金融体系对实体经济的支持主要是通过以下六个方面实现的：包括便利支付、动员储蓄、跨时间跨空间优化配置资源、完善公司治理、管理风险和便利合约交易六大功能实现对经济增长的支持。而数字金融作为金融服务数字化的体现，其对于经济发展的功能与传统金融一致，也包括了以上六个方面功能。但相对于传统金融而言，数字金融通过数字化技术，可以更好地提升金融服务实体的六大功能，实现金融功能增强。

二、货币政策利率渠道传导的界定

货币政策利率渠道是宏观经济理论中最早被关注的渠道，在传统凯恩斯主义、新凯恩斯主义和 DSGE 等认为名义冲击有真实效应的模型中，利率渠道通常被看作是货币政策的核心传导渠道，并假定货币政策规则

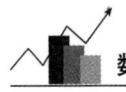

遵循某种泰勒规则（Fischer，1977；Calvo，1989；Clarida et al.，2000）。在这些模型当中，货币政策利率渠道的传导机理为：以达到稳定产出目的，为熨平某种总需求冲击，政策当局通过货币政策调控产生一个名义利率变动，并在价格黏性条件下通过费雪恒等式引起真实利率的变动，进而通过影响家庭预算约束和企业投资资金成本，达到对冲总需求变动的目的（Christiano et al.，2005；Carlstrom et al.，2016）。

不同于货币政策信贷渠道、汇率渠道、资产价格渠道、预期渠道等，货币政策利率渠道关注的是政策利率的变动通过金融市场的传导，实现对产出影响的路径和效果，因此其传导链条可归结为"短期利率—长期利率—产出"。其中，短期利率指央行为熨平外部冲击而调控的短期政策利率，在美国通常指的是联邦基金利率（Federal Funds Rate）。在我国，过去主要采用存款基准利率或贷款基准利率作为政策利率，随着货币政策工具创新以及金融市场化改革的推进，当前除存贷款基准利率外，还包括两个主要的央行政策利率：7天逆回购操作利率和中期借贷便利（MLF）利率，以上短期政策利率在不同程度上反映了央行的货币政策立场，进一步引导市场基准利率以短期政策利率为中枢运行，通过银行体系传导至贷款利率，实现对金融市场融资成本的调节（易纲，2021）。长期利率主要指与中长期融资工具相关的利率，包括长期银行贷款利率、长期企业债券利率、长期存款利率等。由于长期利率不仅受到短期政策利率的影响，还受到市场对未来通货膨胀、经济增长前景以及其他宏观经济因素的影响，长短期利率之间构成利率预期期限结构，利率预期期限结构与理论预期的差距，代表了长短期之间利率的传导效率（McCallum，2005；Smith & Taylor，2009）。由于货币政策可以通过利率渠道传导影响长期利率，而利率的变化不仅会改变企业投资的融资成本，促使企业改变投资需求，还会通过跨期替代效应和收入效应影响居民消费决策，进而影响消费。因此本书中，对于货币政策利率渠道传导最终效果，即产出的界定，不仅包括企业投资，还包括居民消费部分。

基于以上论述和分析，货币政策利率渠道传导的详细流程如图 2-1 所示。

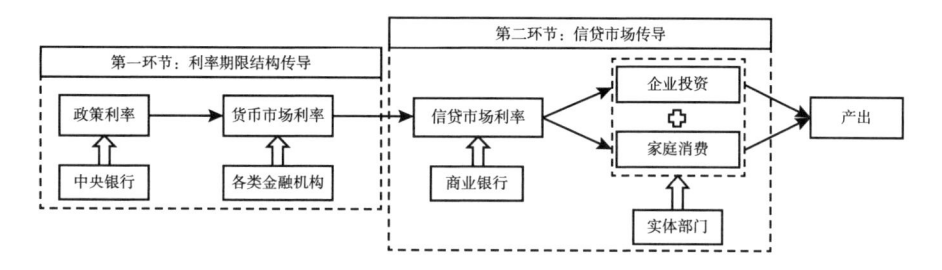

图 2-1　货币政策利率渠道传导流程

资料来源：笔者绘制。

第二节　数字金融发展与货币政策利率渠道传导的基本事实

一、中国数字金融崛起与发展的基本事实

（一）中国数字金融发展的总体历程

中国作为世界上数字金融迅猛发展的代表性国家之一，虽然在发展历程中存在着"互联网金融""科技金融""数字金融"等几种概念，但总体而言，基于数字金融的本质为"金融服务的数字化"的角度，以及从各研究文献的观点看，一部分文献认为中国数字金融的发展可以 2004 年支付宝账户体系上线为起点（黄益平和黄卓，2018），也有大部分行业内观点认为 2013 年余额宝上线为中国"数字金融"发展的元年。经过多年的发展，在政府的大力推动下，移动互联网和数字金融得到了广泛应用，根据 iResearch 的数据，至 2021 年，互联网金融的总规模在中国已超

过29万亿元，其中移动支付交易规模达到277.39万亿元。中国数字金融已经形成了从移动支付、在线借贷到数字货币的全方位数字金融生态，监管部门也通过不断完善相关政策和制度，维持行业健康稳定发展。

具体而言，数字金融主要包括以下发展阶段：

(1) 萌芽期 (2005~2010年)：此时数字金融主要表现为电子支付的形式，部分银行开始提供在线业务，支付宝、财付通等公司开始崛起。

(2) 爆发期 (2011~2014年)：此阶段移动互联网和大数据技术开始普及和应用，各种互联网金融模式如P2P网络借贷、第三方支付、互联网基金、众筹等开始迅速发展。

(3) 加速和扩张期 (2015~2017年)：传统金融机构开始涉足互联网金融行业，与第三方数字金融公司展开合作或自建平台；大型数字金融公司也开始成立自己的金融子公司，如蚂蚁金服、京东金融等。

(4) 规范与整合期 (2018~2020年)：随着P2P网贷公司"爆雷"事件频发，政府和监管部门出台了一系列规范政策，对互联网金融行业进行整顿。此阶段，金融监管政策不断增强，大量P2P平台被清退，互联网金融行业从"野蛮生长"转向有序发展。

(5) 稳健发展期 (2021年至今)：数字银行、在线理财、智能投顾、区块链应用等新技术和业务模式持续发展行业规模继续增长，但增速放缓，市场更为成熟和稳定。

综上可见，虽然数字金融主要起源于第三方数字金融公司，并使得第三方数字金融公司迅速扩张，但传统金融行业也随后迅速吸收数字金融对传统金融服务进行了数字化改革，中国的数字金融革命已经渗透到金融体系的每个环节。此外，中国的金融监管制度也随着互联网金融迅猛发展后风险防控问题的出现而愈加规范化。中国数字金融发展大体上呈现出政府大力推动后的迅速发展并呈现爆发式增长，最后随着监管规范增长变缓并趋于稳定的过程。

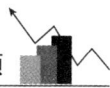

数字金融发展趋势与标志性事件如图 2-2 所示。

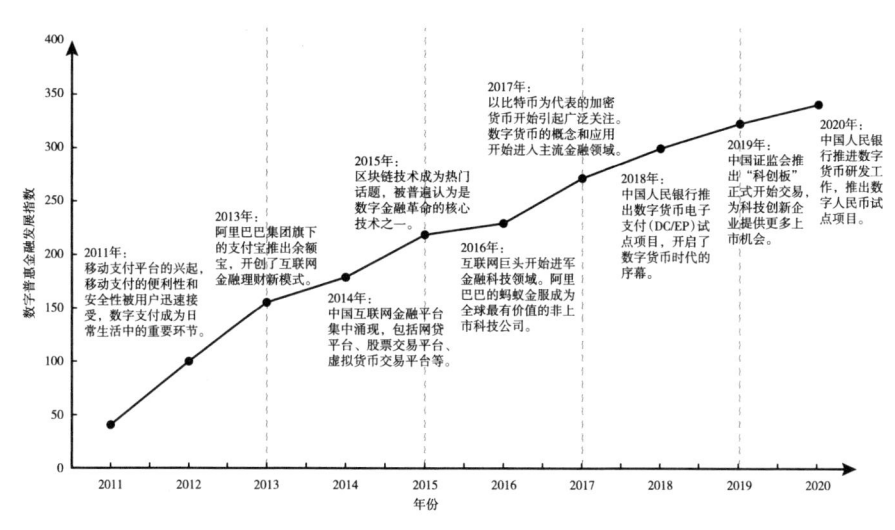

图 2-2 数字金融发展趋势与标志性事件（2011~2020 年）

资料来源：笔者整理绘制。

（二）中国数字金融的发展模式、技术特点和发展趋势

根据中国数字金融在金融市场不同业务类别的发展模式差异，数字金融可以分为数字货币、数字支付、互联网贷款、数字信贷、数字证券、数字保险和数字理财等不同业务形态。随着数字技术的高速发展，数字金融在金融服务方面日益呈现出智能化、个性化、综合化的倾向，金融服务交易成本降低，风险防控能力提升，服务效率不断提高。但在不同业务领域，数字金融发展也存在显著差异。QuestMobile 数据显示，中国第三方跨境支付市场规模从 2016 年的 2437 亿元增长至 2021 年的 14285 亿元，仅十四家披露年报数据的银行的数字金融投入总额就为 1554.17 亿元，而保险业 2021 年保险科技总投入为 356.2 亿元，证券行业总投入为 303.55 亿元。可见，数字支付和数字信贷发展速度最快，渗透范围最广，银行金融机构相对投入规模最大，而数字证券和数字保险等投入相对之下规模很小，发展规模与数字信贷相距较远。

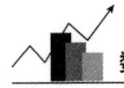

因此，相对而言，数字金融技术主要提高了间接融资市场的运作效率和服务质量，而对于直接融资市场而言，由于业务特征、风险防控和监管制度方面的约束，数字金融相对于传统金融，作用发挥的范围和程度受到比较明显的限制。各业务模式发展的具体技术特点、问题和发展趋势如表2-2所示。

表2-2　中国数字金融具体业务形态、特征技术、问题和趋势

业务类别	业务形态	代表品牌	新技术和新方法	存在的问题	发展趋势
支付	数字货币	·各国央行（DC/EP）	·消费红包 ·可穿戴设备钱包 ·近身支付 ·"双离线"支付 ·支付场景扩围	·虚假繁荣 ·受场景和用户限制较大 ·监管模式中心化与数字货币去中心化的矛盾	·升级发行和流通技术 ·监控货币运行风险 ·生态建设
支付	数字支付	·支付宝 ·财付通 ·壹钱包	·刷脸支付 ·跨境支付	·市场集中度高 ·寡头竞争	·场景战争 ·跨境支付
融资	互联网贷款	·商业银行 ·网络小贷公司	·开源平台 ·联合放贷新模式 ·区块链债券 ·自动化信贷评估	·公司治理不健全 ·数据垄断 ·诱导过度借贷 ·融资杠杆过高	·"助贷"业务 ·构建开放银行生态 ·区块链跨境贸易金融 ·供应链金融
融资	数字信贷	·平安消费金融 ·小米消费金融 ·阳光消费金融	·数字征信，生物识别 ·动态复盘、流向追溯、用户画像 ·会员体系、精准营销 ·大数据分析、生物识别、深度学习	·获客成本逐步上升 ·用户逾期风险提升	·场景多元 ·规模扩张 ·市场下沉
投资	数字证券	·国泰君安 ·东方财富 ·同花顺	·远程开户 ·在线交易 ·智能投顾 ·智能客服	·数字技术投入力度弱 ·停留在系统表层 ·应用在标准化业务 ·投研与合规风控较少	·探索财富管理 ·支付与结算 ·数据分析 ·合规监管

续表

业务类别	业务形态	代表品牌	新技术和新方法	存在的问题	发展趋势
保险	数字保险	·中国平安	·云计算 ·人工智能 ·区块链 ·IoT等数字技术	·防范经营风险 ·数据安全问题 ·风控机制不强	·保险数字生态
理财	数字理财	·摩羯智投 ·查理智投 ·贝塔牛 ·伽利略	·智能投顾产品 ·自动化财富管理	·监管趋严 ·流动性风险 ·平台风险 ·数据泄露	·理性发展趋势 ·产品升级转型

资料来源：笔者整理绘制。

（三）中国数字金融的发展特点与阻碍

1. 中国数字金融的普惠性与结构性

由于数字金融可以以更低的成本获取与处理信息，对于缺少抵押品而难以获得传统金融市场服务的弱势群体而言，可以缓解其面临的金融摩擦，减少融资约束，提高金融的普惠性。但从数字金融发展的结构上看，虽然中国数字金融发展水平呈现出整体持续上升的趋势，但数字金融的发展程度却同时呈现出明显的由东向西递减的态势。由图2-3可见，东部地区发展程度最高，中部其次，西部最低，即数字金融发展程度与经济发达程度成正比。由此可见，数字金融并非呈现出各地区均衡发展的趋势。虽然数字金融有利于提高金融市场尾部客户的融资需求，降低信贷市场弱势群体面临的金融摩擦，但对于市场发达程度越低的地区，数字金融的发展水平却越低，这可能也在一定程度上影响了数字金融普惠效应的充分发挥。

2. 中国数字金融的创新性与风险性

中国数字金融的创新得益于数字技术快速进步，尤其是大数据、人工智能、区块链和云计算等数字技术，其为金融产品和服务的设计、风险管理和操作效率提供了强大的技术支撑。此外,数字金融与电子商务、社交平台和其他非金融行业的合作为数字金融创新提供了丰富的应用场景,提高了数字金融对实体经济的服务能力。此外,数字金融还通过技术创新缓解了信息不对称问题,降低了状态证实成本,从而解决了传统金融无法覆盖的领域,更大程度地满足了小微企业和弱势人群的融资需求。

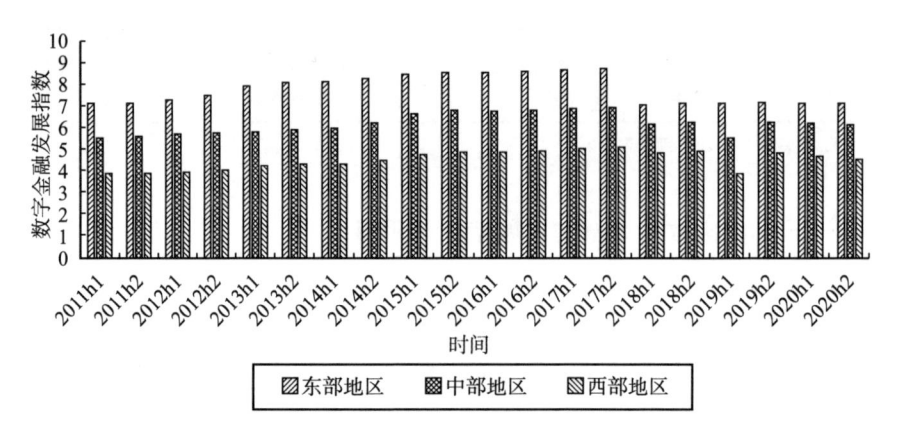

图 2-3 不同地区数字金融发展趋势图(2011~2020 年)

资料来源:根据"北京大学普惠数字金融发展指数"自行整理。

但同时,随着数字金融市场的迅速扩张,一些互联网金融平台可能因为过度杠杆、流动性风险或不良贷款而面临问题,进而引发系统性风险。一些数字金融平台由于缺乏透明度或监管不足,可能导致风险积累。例如,近年来的 P2P 平台"爆雷"事件,早期因为创新速度与监管速度的不匹配而导致了此类新兴数字金融模式在短时间内处于"灰色地带",但由于缺乏监管导致欺诈行为或风险积累,最终引发市场风险和信用风险。

二、利率市场化改革与价格型货币政策体系的发展进程

改革开放以后较长一段时间,虽然进行了初步的市场化改革,但

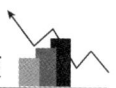

仍以数量型货币政策为主,如通过信贷配额、存款准备金率等手段调控货币供应量。伴随着利率市场化改革的不断推进,中国逐步开始建立起价格型货币政策调控体系,减少对信贷配额和存款准备金率的依赖,更多地利用市场化的利率工具来调控货币供需,从而实现货币政策的目标,利率市场化改革与价格型货币政策指标体系发展过程如表2-3所示。

表2-3 利率市场化改革与价格型货币政策指标体系发展进程

时期	利率市场化改革进程	货币政策利率指标体系
1996~2011年:稳步推进期	1993年国务院通过《关于金融体制改革的决定》 1996年放开银行间同业拆借利率 1999年存款利率改革初步尝试 2000年放开外币贷款利率与大额外币存款利率 2002年统一中外资金融机构外币利率管理政策 2004年完全放开金融机构人民币贷款利率上限	存款基准利率 贷款基准利率 再贴现利率 国债收益率 SHIBOR同业拆借利率 超额存款准备金利率 法定存款准备金利率
2012~2014年:改革加速期	2012年进一步扩大存贷款利率浮动区间 2013年取消金融机构贷款利率0.7倍的下限 2014年存款利率浮动区间的上限调整至基准利率的1.2倍	OMO公开市场操作利率 MLF中期借贷便利利率 SLF常备借贷便利利率
2015~2021年:后续并轨期	2015年取消存款利率管制 2019年完善LPR报价形成机制 2021年调整存款利率自律上限 2022年建立存款利率市场化调整机制,调整"挂牌利率"	R007银行间市场7天回购利率 DR007存款类金融机构7天期回购利率 LPR贷款市场报价利率

资料来源:笔者整理绘制。

1996年开始,中国人民银行开始明确提出实施"价格型"货币政策,即通过调整利率来影响货币供需,而不再主要依赖数量型政策工具,此后,短期货币市场工具如逆回购等逐渐被引入。2003年以后,随着利率市场化改革进一步深化,以及政策工具体系的丰富和完善,构建价格型货币政策体系的进程开始加速。2015年,五大国有商业银行的存贷款基准利率被放开,标志着利率市场化改革已经进入"最后一公里",随后,

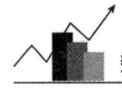

央行不仅开始丰富价格型货币政策工具体系，逐渐开始利用中期借贷便利（MLF）、常备借贷便利（SLF）等多种结构性货币政策工具进行流动性管理，也开始疏通价格型货币政策传导渠道，制定并完善 LPR 利率定价机制。

三、货币政策利率渠道传导的基本事实

（一）货币市场的传导

中国价格型货币政策调控体系的构建，其中一个重要内容便是以政策利率为中介目标的调控机制。近年来，中国人民银行已经通过各种途径向市场传递可能将上海银行间同业拆放利率（SHIBOR）、银行间市场 7 天质押回购利率（R007）、存款类金融机构 7 天质押回购利率（DR007）培育作为央行目标政策利率的信号。虽然央行至今也没有确定何种利率为政策利率，但是自 2015 年以来，央行开始通过公开市场操作稳定 R007 和 DR007，以上三种利率均开始向金融市场传递央行的利率信号。

虽然有学者指出，央行对短期利率的调控与货币政策的表述存在明显的矛盾，如央行在 2016 年前后，在没有调整存贷款基准利率和存款准备金率的情况下，将紧缩性货币政策立场通过公开市场操作、SLF、MLF 等操作传递到了货币市场①，并且由图 2-4 也可以发现，2017 年前后 R007 和 DR007 相对于 SHIBOR 出现了大幅波动，货币市场利率间的传导出现明显不相协调的情况，出现此类现象可能与货币政策和宏观审慎政策的冲突有关（马骏和管涛，2018）。但不可否认的是，各政策利率在大部分时间段内波动契合度较高，货币市场的利率渠道传导效率在逐步提高。

---

① 2016 年 9 月以来在市场普遍认为货币政策操作开始偏紧时，中国人民银行出面公开否认这种意图。

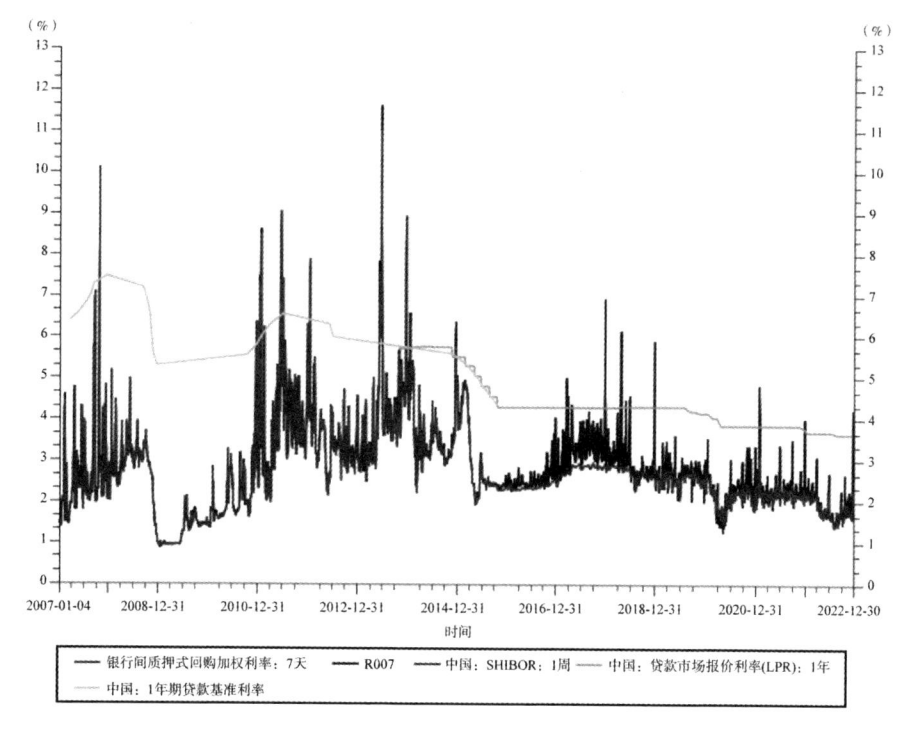

图 2-4　2007~2022 年中国政策利率、货币市场利率与信贷市场利率走势图
资料来源：Wind 数据库。

（二）信贷市场的传导

由于我国金融体系是典型的银行主导型，相对于直接融资，间接融资规模在社会融资规模中的比重超过 80%，因此利率在信贷市场的传导效率很大程度上决定了货币政策利率渠道传导的效果。而由图 2-4 可见，在 LPR 推出之前，贷款利率在信贷市场的传导效率较弱，波动幅度明显与政策利率不相匹配。LPR 推出之后，政策利率在信贷市场的传导效率有了较为明显的提升，但依然存在波动频率过低，LPR 利率对于政策利率波动敏感性较低的问题。因此，提高信贷市场的利率渠道传导效率是下一步深化我国利率调控体系改革，构建价格型货币政策调控体系的重要任务。

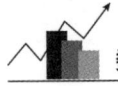

第三节 相关文献回顾

货币政策传导机制一直是货币政策调控体系的重要研究领域，伴随着金融创新和金融机构的发展，尤其是 2008 年金融危机后，更多的国内外研究开始关注金融结构变迁对货币政策传导的影响机理。中国作为世界数字经济发展的翘楚，传统经济已开始向数字经济全面转型，数字金融发展也对传统的金融市场产生了颠覆性的冲击，由此产生的金融结构变迁必然对传统货币政策调控体系的传导渠道和影响效应产生不可忽视的作用。与此同时，我国货币政策调控体系也从数量型转向价格型调控，利率渠道传导作为价格型货币政策调控的核心，在数字金融发展的背景下传导发生了何种变化，也是本书研究关注的重点。本书主要基于货币政策传导的金融摩擦理论，就数字金融发展对货币政策利率渠道传导影响的效应、机理和对策问题展开全面研究。本书研究现状综述包括以下四个部分。

一、数字金融相关文献回顾

随着金融市场出现根本性变化以及金融创新的不断涌现，大量的金融中介机构和品种繁多的金融资产的存在成为现代经济的基本特征。而近年来金融发展进入全新的数字金融时代，数字金融对金融市场的影响引起了国内外学术界的广泛关注。许多研究认为，数字金融是一种比传统金融更具优势的弱化金融摩擦的全新业态形式（黄益平和邱晗，2021；王勋等，2021），围绕数字金融与传统金融在解决金融市场摩擦中的差异，目前已有研究主要集中在两大方面。

(一) 围绕数字金融减少金融市场的信息不对称方面

目前,大部分研究主要关注数字金融对间接融资市场信息不对称的影响。米什金(Mishkin et al.,1999)认为,互联网金融可以凭借其拥有的互联网技术来降低银行和借贷者之间的信息不对称程度,让交易双方的交易信息更加透明。海斯卡宁(Heiskanen,2017)也认为,互联网大数据,以及区块链等技术支持下的数字金融能够弥补企业信用的不足,有效解决交易双方信任问题,为降低企业融资成本提供帮助。因此,关注企业融资约束的文献普遍认为,数字金融可以通过降低信息不对称从而缓解信贷配给的问题,即通过数字技术赋能金融机构对企业基础信息展开实时和智能化搜集和分析的能力,极大降低长尾市场的信息不对称、借贷合约的违约率,并弱化了中小企业的信贷配给(Jagtiani & Lemieux,2018;彭红枫和林川,2018;曾燕和陈永辉,2018;万佳彧等,2020;袁鲲和曾德涛,2020)。

另一部分研究关注数字金融对直接融资市场信息不对称的影响。大部分研究认为数字金融可以缓解信息不对称的问题。一方面,数字金融基于系列深度学习算法与投资组合模型,并且凭借数据信息不可篡改、智能合约事件触发、分布式容错等技术,以技术驱动资本市场规则完善,可以提高融资质量(Chiu & Koeppl,2019;Avgouleas & Kiayias,2019;张晓玫等,2018)。董等(Dong et al.,2021)研究认为信息技术发展使科技公司能够实时收集更多维基本面信息并卖给投资者,从而增加了价格的信息含量。但也有研究从信息生产与出售的角度研究数字金融对证券价格信息含量的影响,认为金融大数据技术促使交易者花费大量时间挖掘订单流信息,分析市场情绪和开发交易算法等,抑制了上市公司基本面信息的研究,反而降低了证券市场的价格发现功能(Farboodi & Veldkamp,2020)。发达国家直接融资市场参与者主要为机构投资者,但

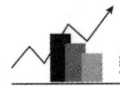

中国作为新兴市场，主要投资者为散户，证券市场存在市场信息披露质量整体较差以及投资者行为受噪声影响比较严重的特点（边江泽等，2023），因此，数字金融缓解信息不对称的问题可能更为突出。谭松涛等（2016）将深交所推出"互动易"网络交流平台作为外生冲击，研究发现数字化平台为投资者增加了获取公司经营信息的渠道，改善了投资者获取信息的准确性。关成华和张伟（2022）研究发现，数字金融与证券市场整体收益率呈正相关，其增长可以抑制股票市场波动。吴桐桐和王仁增（2020）则发现数字普惠金融发展可以抑制投资者"炒新"。但由于数字金融在直接融资市场的发展较为缓慢，相关研究明显少于间接融资市场。

（二）围绕数字金融减少金融市场交易成本方面

（1）从技术普及角度看。与传统金融相比，数字金融在信息处理模式上占据着很大的优势，突破了传统金融机构单纯线下审核与信用增进的模式，创新了金融交易活动的组织形式，其时空的便利性促成了交易成本的降低，让更多企业能够以更公平的成本获得资金（王馨，2015）。沈悦和郭品（2015）发现数字金融在中国存在技术溢出效应，其发展会显著提高商业银行的全要素生产率，但不同类型的银行存在异质性。贾基奇和马林茨（Jaksic & Marinc，2019）则认为，金融科技作为交易借贷技术虽然可以降低交易成本，但银行也不应该放弃关系银行业务，应注重与客户建立和维护长期的、紧密的联系，这有助于银行更好地理解和满足客户的长期需求，从而在激烈的市场竞争中脱颖而出。解维敏等（2021）研究也认为，数字金融通过为民营企业提供更加充分的资金支持与降低民营企业委托代理成本，进而缓解民营企业融资约束。

（2）从行业竞争角度看。大部分学者认为数字金融通过第三方支付弱化了金融中介在金融交易中的作用，借贷双方可以通过网络资金借贷平台直接进行交易，激化了金融机构之间的竞争（孟娜娜等，2020；王诗卉和谢绚丽，2021；吴桐桐和王仁曾，2021）。一方面，吴晓求（2015）研究认为，数字金融与传统金融相互竞争会推动金融结构变革和金融效率的提升，使金融普惠性更强。封思贤和郭仁静（2020）研究也认为，数字金融发展通过促进银行竞争改善了银行的成本效率，但也降低了银行的利润效率。但另一方面，世界银行组织（World Bank Group，2016）也指出，数字化技术的使用对金融行业竞争存在双重效应，一方面，技术降低了市场进入障碍，从而提高了市场竞争水平，进一步降低了市场交易成本，形成"技术溢出"效应；另一方面，交易成本的降低也可能有利于实现规模经济，进而形成自然垄断，反而不利于市场竞争，长期并不利于企业融资成本的下降，即"市场挤出"效应。由此可见，数字金融虽然从技术的角度看可以减少金融市场交易成本，但交易成本低导致的门槛下降也有可能形成垄断市场，长期并不利于企业融资成本的下降。

综上所述，当前有关数字金融发展对金融市场的影响研究多数基于数字金融的功能角度展开。从理论逻辑看，虽然已有对数字金融的研究普遍认为，互联网行业与金融行业的融合发展可以降低交易成本、缓解信息不对称问题。但从金融市场结构以及机构竞争的角度看，对金融市场的影响依然存在不确定性，也即数字金融对不同类型、不同发展程度的金融市场摩擦的影响效应并不能一概而论。因此，本书将从数字金融的功能出发，以金融市场结构变化为出发点，从理论上厘清数字金融发展对货币政策传导的关键环节"金融摩擦"的影响机理，为接下来展开货币政策利率传导效应和机理的研究打下理论基础。

二、货币政策利率渠道传导相关文献回顾

（一）关于发达国家利率渠道传导效应及问题的相关研究

货币政策利率渠道是宏观经济理论中最早被关注的渠道，在传统凯

恩斯主义、新凯恩斯主义和 DSGE 等认为名义冲击有真实效应的模型中，利率渠道通常被看作是货币政策的核心传导渠道，并假定货币政策规则遵循某种泰勒规则（Fischer，1977；Calvo，1989；Clarida et al.，2000）。在这些模型当中，货币政策利率渠道的传导机理都是：在稳定政策中，为了熨平某种总需求冲击，政策当局调控货币政策产生一个名义利率变动，并在价格黏性条件下通过费雪恒等式引起真实利率的变动，进而通过影响家庭预算约束和企业投资资金成本，达到对冲总需求变动的目的（Christiano et al.，2005；Carlstrom et al.，2016）。

但以上这些模型均假设具备完美的金融市场，尽管政策当局调控的是货币政策的短期利率，而影响企业投资的是长期利率，但这些模型假定无套利条件成立，因此从短期利率向长期利率传导不存在任何摩擦。2008 年的全球金融危机说明金融市场并不完美，并且对于宏观经济波动具有重要影响，因此，近年来的一些新凯恩斯主义 DSGE 模型开始引入外部冲击，并假定其通过金融市场摩擦影响经济波动。在这些代表性的研究中，格特勒和卡拉迪（Gertler & Karadi，2011）的研究假定金融中介是垄断竞争且是自有资本不足的，因此金融市场存在一个借贷利差且任何影响借贷利差的冲击都会蔓延至各个经济部门。库尔迪亚和伍德福德（Cúrdia & Woodford，2010）的研究假定在金融中介存在服务成本的条件下，来自中介数量的变化将引起中介融资边际成本的内生变化，而来自金融中介技术或成本加成幅度导致的贷款成本外生变化，也将引起利差变化，进而引发经济波动。阿雷亚诺等（Arellano et al.，2019）则考察了金融中介和借款人之间存在金融摩擦的情形，认为借款人的有限资本特征，存在投资风险等因素导致了存贷利差出现，任何影响借款人的资本存量和投资风险的冲击都会通过利差影响经济波动，而且这种影响还会因贷款合同的名义特征而被进一步放大。伊德里苏和阿拉吉德（Iddrisu & Alagidede，2020）则具体考察了利率渠道对产出和通货膨胀的影响，发现贷款利率每提高一个百分点，投资就会减少0.063%，而投资利率下降1%可以减少0.074%的通货膨胀。由以上研究可见，在存在金融市场摩擦的情况下，货币政策利率渠道传导效应与金融市场的不完备性有关。

（二）关于国内市场化改革进程中利率渠道传导效应及问题的相关研究

货币政策的利率渠道传导效应受制于金融市场化程度。作为发展中国家市场转型经济体的代表，大多数的研究均认为，在中国数量而非价格渠道在货币政策传导中居于主导地位（姚余栋和李宏瑾，2013；饶品贵和姜国华，2013；马理等，2013；董华平和干杏娣，2015）。改革开放以后，我国的货币政策传导机制逐步由数量式向价格式转型，2015年放开存贷款利率后，"放得开、形得成、调得了"的利率价格调控机制初步形成（周小川，2015；易纲，2018）。

在利率市场化改革稳步推进的阶段，学者们主要针对货币政策利率渠道传导的有效性进行研究。大部分研究认为，我国货币政策利率传导机制不畅通，相比之下信贷渠道居于主导地位（方先明和熊鹏，2005；盛朝晖，2006；盛松成和吴培新，2008）。也有部分研究认为，货币政策的利率传导渠道开始发挥作用（洪永淼和林海，2006）。蒋再勇和钟正生（2010）将货币政策利率传导渠道分为管制渠道和市场渠道，采用MS-VAR模型对利率市场化改革下传导的体制转换特征进行分析对比，发现自2003年以后货币政策冲击通过同业拆借利率对实体经济的传导效应增强并且更为平稳。宋旺和钟正生（2010）也运用扩展IS方程对产出缺口和实际利率进行回归分析发现，随着金融脱媒程度的加深，我国货币政策利率传导渠道开始逐步疏通。张辉和黄泽华（2011）通过非约束向量自回归模型对利率传导机制的有效性进行研究发现，准市场利率的货币政策利率对部分实体经济相对于M2具有较强解释力，而利率管制是利率传

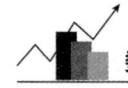

导机制部分失效的重要原因。

进入利率市场化改革加速期后，学者们开始更多地关注影响货币政策利率渠道传导的影响因素。钱雪松等（2015）运用中介效应模型根据2007~2013年委托贷款数据对货币政策的利率传导有效性进行检验，发现整体上货币政策对企业借款利率产生显著影响，并存在以SHIBOR为中介变量的显著中介效应，但由于存在融资歧视，利率传导表现出体制内外的差异。纪洋等（2016）针对中国"金融双轨制"的特殊环境，研究发现虽然实现了存款利率市场化效率，但是由于存在金融市场分割等因素的存在，价格改革反而推高了非正规金融市场的利率水平，说明数量改革与价格改革应该同步进行才能降低非正规金融市场的融资成本。强静等（2018）基于政策基准利率、资金流动性和风险溢酬三个因子变量构建利率仿射模型，对央行货币政策如何影响利率期限结构，以及利率是否能反映经济基本面变化做出了估计，结果发现虽然自2011年以来除政策基准利率之外，市场各期利率并没有反映经济基本面的变化，说明央行的价格型货币政策应该更关注资金流动性与经济基本面的关系，提高利率传导的效率。马骏和管涛（2018）基于弹性系数对短期利率在中美两国国债市场的传导效率进行了量化分析，结果显示中国货币政策在债券市场的传导效率大约为美国的70%，但短期利率在信贷市场上的传导效率仍比债券市场更弱。陈清和吴联俊（2021）基于家庭风险资产持有比例的角度研究发现，货币政策利率渠道存在堵塞，但可以影响家庭的金融参与和风险资产持有比例。方显仓等（2022）研究了结构性货币政策的利率传导效率，发现结构性货币政策的实施显著提升了货币市场短期利率向债券利率的传导效率。

此外，对于结构异质性问题影响的研究，也有不少学者注意到了影子银行、市场化改革、金融供给侧结构性改革等中国的一些特殊经济环境对中国货币政策利率传导渠道效应的影响（金中夏等，2013；王振和曾辉，

2014；郭豫媚等，2018；温信祥和苏乃芳，2018；赵瑞娟和秦建文，2020；韩思达和陈涛，2022）。

综上所述，已有研究显示货币政策的利率渠道传导效应受金融结构因素影响，尤其对于中国处于转型期的金融市场而言，利率渠道传导有效性受制于金融市场化程度，更好地疏通货币政策利率传导渠道可以从解决金融市场的结构性不完美因素出发。但受约束于研究时段的局限，已有研究普遍缺乏考虑近些年来数字金融迅速发展的背景。少数研究关注了中国的金融发展和金融结构特征对利率渠道的影响（刘莉亚等，2017），但因为所研究时期的局限，对金融发展与金融结构变迁的刻画仍没有将其置于数字金融发展背景之下进行分析，而少数关注数字金融发展背景的文献（战明华等，2020），也主要关注其影响效应而缺乏对传导机理的探讨。本书的研究将补充这个空缺，将货币政策利率渠道传导置于数字金融发展背景之下，考察数字金融影响下的金融市场结构对货币政策利率渠道传导的影响效应。

三、数字金融发展影响货币政策传导相关文献回顾

目前的研究普遍认为，数字金融将对传统的金融市场产生强烈的冲击，必然对货币政策传导效果产生明显的影响。赫拉佐娃（Hlazova，2021）认为，数字技术的推广与普及，引发了互联网金融平台的产生，由此形成的监管形式也会增加货币政策执行的不确定性，进而影响货币政策渠道效应。山岸和绫部（Yamagishi & Ayabe，2007）在研究电子货币与中央银行货币政策有效性时指出，央行对货币传导渠道的控制力会受到电子货币的制约，因而在制定和执行货币政策时应充分考虑数字金融的发展趋势。

（一）从数字金融对数量型货币政策的传导效果看

已有研究普遍认为，数字金融的发展会弱化货币政策的传导效果。

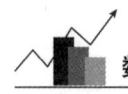

关于数字金融对货币供需函数的影响方面，谢平和刘海二（2013）研究发现，数字金融发展使移动支付的低交易成本优势得到充分发挥，公众对现金获得的需求下降，改变了货币需求形式，同时也会让央行和企业可以并行发生信用货币创造，冲击货币供给，央行控制均衡货币供给的难度加大并降低了传统货币政策工具效果。尹志超等（2019）也发现，交易成本变化是导致移动支付影响货币需求的最重要因素。侯志杰（2017）认为，新兴数字金融的存在会借助利率、信贷等渠道造成货币中介目标尤其是货币供应量的波动，使得其对货币政策传导效果的影响进一步扩大。黄益平（2017）也认为，数字金融会加快货币流通速度进而降低传统数量式工具效果。

关于数字金融对金融市场摩擦的影响机理方面。理论上看，金融市场摩擦程度会与货币政策银行信贷渠道效应呈正相关作用（Bernanke et al.，2005）。范云鹤（2018）的研究也发现，数字金融推动了利率市场化改革，对利率传导机制会产生正向效应，但由于数字技术降低了信贷门槛，传统以银行为主体的借贷机构的中介性质弱化，将削弱银行信贷传导效应。战明华等（2018）发现，总体而言数字金融是通过降低金融市场的摩擦来弱化货币政策银行信贷渠道，微观机理在于货币政策紧缩时，数字金融的发展会促使银行发行不需要缴纳存款准备金的理财产品，导致货币政策冲击减弱。尹振涛等（2023）则针对货币政策对消费的传导效果，发现我国货币政策利率能够有效传导至数字消费信贷市场，对具备高信用借款者的传导效率更高。

（二）从数字金融对价格型货币政策传导效果看

大部分文献认为数字金融会强化货币政策传导效果，但需要满足相应的政策条件和市场环境。刘澜飚等（2016）从价格型和数量型货币政策有效性出发，基于微观银行模型发现数字金融增加了银行存贷款规模和利率对银行同业市场的敏感度，从而使得价格型货币政策的有效性提高，并因为数字金融发展加剧了狭义货币乘数的波动从而减弱了数量型货币政策的有效性。纪洋等（2016）研究认为，虽然实现了存款利率市场化，但是由于存在金融市场分割等因素的存在，导致存款利率被压低，说明数量改革与价格改革应该同步进行才能降低非正规金融市场的利率，发挥数字金融改善价格型货币政策传导效果的作用。方兴和郭子睿（2017）构建了时变 TVP－VAR 模型，研究发现第三方支付与电子货币流通可以显著加快货币流通速度，在增强产出渠道价格有效性的同时，也降低了价格渠道货币政策有效性，总体效应并不确定。布朗布里奇等（Brownbridge et al.，2017）针对非洲国家的研究发现，数字金融引起的包容性水平越高，货币政策利率传导效果越强的原因，但也不排除可能受到其他因素的影响。段永琴和何伦志（2021）则认为数字金融倒逼银行贷款利率定价市场化，提高了银行贷款对政策利率的敏感度，但并没有具体分析其对利率传导的影响。

综上所述，当前研究普遍认为数字金融将对货币政策传导效果产生显著影响，一方面数字金融通过缓解金融摩擦，增加货币流通速度以及监管套利等方式降低数量型货币政策传导的效果；另一方面，数字金融也通过增强利率敏感性，降低交易成本等方式提高价格型货币政策传导的效果，但此效应依赖于金融市场化程度。从以上研究中可以看出，数字金融对于数量型货币政策的影响效应基本达成共识，但是对于价格型货币政策调控的影响效应并不确定，其既与金融市场化程度有关，也与市场结构异质性相关，当前相关研究仍存在很大空缺。因此，本书将聚焦于货币政策利率渠道传导机制的研究，立足于价格型货币政策传导的条件，不同的金融市场环境，微观主体的结构异质性等出发，针对传导效应差异及其传导阻滞问题展开分析，为数字金融背景下价格型货币政策的转型提供新的思路和框架，形成货币政策传导理论体系的有益补充。

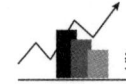

四、货币政策体系构建相关文献回顾

由于在货币政策实施过程中，央行并不直接控制名义货币供给、通货膨胀或长期利率等可能与总支出具有密切关系的变量，而是狭义的法定存款准备金以及政策基准利率等。因此，如何构建科学合理的货币政策一直是国内外研究者的重要研究领域，尤其对于我国目前正处于价格型货币政策转型期，在数字金融迅速发展的背景下怎样提高价格型货币政策调控效果，是亟待研究解决的重要问题。

（一）关于货币政策工具

货币政策工具运用的变化是近年来全球金融危机后各国货币政策的一个重要特征：危机前，各国货币当局运用的货币政策工具数量较少，方式较为近似；危机后，许多货币政策工具为解决流动性危机和刺激需求应运而生。而后随着经济情况趋于常态化，货币当局又面临货币政策工具取舍的问题（Inaba et al.，2015）。后复苏货币政策工具保留了危机期间为实施货币政策及维护金融稳定而引入的货币政策工具，包括四个方面：一是通过流动性供给来控制短期利率（Haan et al.，2004）；二是通过利率走廊下限体系的超额流动性来控制短期利率（Amstad & Martin，2011）；三是通过证券直接购买和出售来控制长期利率；四是金融机构的流动性供应。目前对于货币政策工具有效性的研究国内外均集中在以透明度、时滞性等为标准，对于诸如准备金率、公开市场业务、再贴现、通胀预期等工具的有效性进行实证评价（Campbell，2020；Bernanke，2013；万晓莉，2011；马文涛，2011；王君斌等，2013；陈浪南和田磊，2014；张成思和党超，2017；许光建等，2019；高洁超等，2019；贾盾等，2019；王益君，2021）。此外，大部分研究认为各国央行为了刺激需求和提高通胀水平，已经越来越多地使用非传统政策工具替代传统工具以降低利率（Inaba et al.，2015）。

（二）关于货币政策中介目标

瓦什（Walsh，2015）提出，当货币需求或货币乘数的冲击越大，以利率为导向的政策程序比货币总量程序更好，特别是在货币需求很不稳定时并且在短期内难以预测时，通过稳定利率并让货币总量上下波动，可以极大地提高产出的稳定性。目前大多数的研究均认为，随着金融市场完善和利率传导走廊的逐步健全，信贷和货币中介目标有效性渐弱而利率有效性渐强（夏斌和廖强，2001；范从来，2004；蒋瑛琨等，2005）。也有一些研究认为，随着金融创新的发展，应将流动性或社会融资规模作为货币政策中介目标（程国平和刘丁平，2014；陆磊和杨骏，2016；周波和叶龙生，2019）。

（三）关于货币政策最终目标的选择

相对于金融危机前后，目前各国的货币政策关键目标整体上没有太大的改变，主要还是聚焦于维持价格稳定，如含蓄或者明确地支持就业和经济增长，流动性供给平稳，支付体系运转良好，以及更多的金融稳定的问题（Inaba et al.，2015）。关于货币政策最终目标实现过程中的问题，国外的研究主要集中在如何解决动态不一致性等问题（Alesina & Barro，2002；Mountford & Uhlig，2009）。国内研究主要集中在多目标和与单目标之争（何运信和曾令华，2004；贾海涛和苗文龙，2009）。一些研究认为，随着经济环境变化，应将货币政策最终目标广义化，诸如金融资产价格和环境目标等可考虑纳入目标集范围（陆磊和杨骏，2016；刘锡良和文书洋，2019）；另有学者针对近十年来中国经济出现了产出缺口较小而潜在增速快速下调的现象，认为名义刚性会导致潜在增速无效

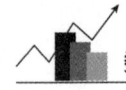

调整，因此需要把潜在增速缺口纳入宏观调控目标体系中（陈彦斌和陈伟泽，2021）。而关于外部制度环境优化，徐忠（2018）从金融市场微观基础、制度保障和产品功能等金融市场体系建设视角，提出了全方位的建议。

（四）关于货币政策利率传导渠道的构建

一部分学者从金融结构变化的角度出发，许少强和颜永嘉（2015）则运用 VAR 模型对影子银行的发展对货币政策利率渠道传导进行检验，发现影子银行体系改善了市场化利率的传导，优化了价格型货币政策调控体系转型的外部环境。刘明康等（2018）通过研究利率决定与银行内部资金转移定价机制发现，银行体系的二元结构与影子银行业务的特殊性降低了外部因素在利率决定中的作用，并降低了利率市场化的成效，培育银行自主定价能力很有必要。孙国峰和段志明（2016）从中国商业银行内部特有的"两部门决策机制"出发，研究发现在金融市场存在结构性不完美状态下，中央银行通过中期政策利率引导商业银行贷款数量和利率的效果优于短期政策利率。

另一部分学者从制度改革发展的角度出发，徐明东和田素华（2017）认为不同类型所有制企业对资本成本的敏感性不同，货币政策利率调控应该与国有企业深化改革同步进行。马骏等（2016）则认为在金融市场发展还不完善的情况下，取消存贷比上限，淡化对贷款数量的限制以及较低的存款准备金有助于改善利率传导机制。陆军和黄嘉（2021）采用 TVP - FAVAR 模型对利率市场化改革对货币政策银行利率传导效应进行研究，认为政策利率以及再融资工具利率可以通过市场利率向存贷款利率顺畅传导，继续完善利率市场化可以进一步提高其对利率传导的效力。林木材和牛霖琳（2020）则认为收益率的波动主要来源于存贷款基准利率和存款准备金利率调整，只聚焦于短期利率识别货币政策冲击将面临较大偏误，不符合中国货币政策同时具有双重中介目标的现实背景。此外，楚尔鸣等（2019）、邓贵川（2018）、陈创练等（2016）、黄振和郭晔（2021）还对结构性货币政策的传导路径与设计，最优货币政策理论体系的选择（邓燕飞等，2017；王曦等，2017）和央行货币政策与监管取向（翟光宇，2016；郭娜等，2021）等展开了研究。

综上所述，尽管学者们从规则、工具、中介目标和最终目标等角度对转型时期中国货币政策调控体系进行了全面研究，但对调控体系如何更好地实现目标与工具的匹配尚比较鲜见。因此，从新时期金融市场产生划时代冲击的数字金融出发研究如何优化畅通货币政策价格型调控体系的利率传导渠道，以提高国家宏观调控能力现代化的战略需求，极为必要却是尚付之阙如，这为本书的研究预留了广阔空间。

第四节 本章小结

本章节围绕数字金融与货币政策利率渠道传导研究主题，分别从概念界定、基本事实和文献回顾三个方面，对此研究问题进行了研究范围的识别，特征事实梳理以及已有相关研究文献回顾，由此形成对本书研究的对象，现实问题和研究现状清晰的认识，为本书以下的研究打下现实基础。第一，对本书研究主题的两个核心关键词"数字金融"与"货币政策利率渠道"进行了概念界定。其中，对"数字金融"的概念与"互联网金融""金融科技"的概念进行了区分，以此说明本书研究关注的是金融服务数字化的影响；对货币政策利率渠道与货币政策其他传导渠道进行了区分和界定，明确了货币政策利率渠道传导环节和整体链条。第二，首先对我国数字金融的发展情况和具体表现形式进行了梳理，由此归纳出我国数字金融发展的特点与面临的现实问题。其次对利率市场

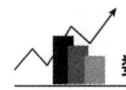

化和我国价格型货币政策指标体系构建的发展进程进行了梳理，由此探讨衡量货币政策利率渠道传导效果的中介指标，最后对我国近年来货币政策利率渠道传导效率的基本事实进行了说明。第三，对研究主题的相关文献进行了回顾总结，由此突出本书的研究贡献。具体包括对数字金融相关文献的回顾，对货币政策利率渠道传导相关文献回顾，数字金融发展影响货币政策传导的文献回顾，以及货币政策体系构建与优化相关文献回顾四部分。由此发现已有文献中对于数字金融如何影响货币政策利率渠道传导的研究甚少，而本书为首次打开货币政策利率渠道传导的"黑箱"对数字金融影响机理进行系统性研究。以下本书将按照理论分析，实证研究、异质性分析、进一步的拓展和政策措施建议的逻辑对此问题进行探讨。

第三章
Chapter 3

数字金融影响货币政策利率渠道传导的理论分析

第一节 货币政策利率渠道传导的理论基础

一、传统货币政策利率渠道传导理论框架

货币政策利率渠道是宏观经济理论中最早被关注的渠道，在传统凯恩斯主义、新凯恩斯主义和 DSGE 等认为名义冲击有真实效应的模型中，货币政策利率渠道通常被看作是货币政策的核心传导渠道，其表述形式大多是假定货币政策规则遵循某种泰勒规则（Fischer，1977；Calvo，1989；Clarida et al.，2000）。在这些模型当中，货币政策利率渠道的传导机理是：在稳定政策中，为了熨平某种总需求冲击，政策当局调控货币政策产生一个名义利率变动，并在价格黏性条件下通过费雪恒等式引起真实利率的变动，进而通过影响家庭预算约束和企业投资资金成本，达到对冲总需求变动的目的（Christiano et al.，2005；Carlstrom et al.，

2016)。然而，这些模型有一个不足，即均假定金融市场是完备或不重要的，也就是说，尽管政策当局调控的是货币政策的短期利率，而影响企业投资的是长期利率，但这些模型假定无套利条件成立，因此从短期利率向长期利率传导不存在任何摩擦。从现实来看，这一假定难以解释2008年的全球金融危机，危机表明，金融市场的不完备对于宏观经济波动具有重要影响。

为此，近年来的一些新凯恩斯主义DSGE模型开始引入外部冲击，并假定其通过金融市场摩擦影响经济波动。在这些代表性的研究中，格特勒和卡拉迪（Gertler & Karadi, 2011）分析了金融中介和储蓄者之间的借款市场存在摩擦的情形。他们假定金融中介是垄断竞争且是自有资本不足的，因此金融市场存在一个借贷利差且任何影响借贷利差的冲击都会蔓延至各个经济部门。显然，如果一个冲击引起了中介资本的变化，就会引起利差变化，并进而影响整个经济波动。克里斯蒂亚诺（Christiano et al., 2010）则考察了金融中介和借款人之间存在金融摩擦的情形。他们认为借款人的有限资本特征，存在投资风险等因素导致了存贷利差出现，任何影响借款人的资本存量和投资风险的冲击都会通过利差影响经济波动，而且这种影响还会因贷款合同的名义特征而被进一步放大。库尔迪亚和伍德福德（Cúrdia & Woodford, 2010）假定在金融中介存在服务成本的条件下，来自中介数量的变化将引起中介融资边际成本的内生变化，而来自金融中介技术或成本加成幅度导致的贷款成本外生变化，也将引起利差变化，进而引发经济波动。

但是，如果将上述理论用于分析发展中国家的货币政策利率渠道，仍存在以下不足：第一，以上理论模型认为包括货币政策、总需求和总供给冲击所影响的只是存贷利差，但仍需假定从政策短期利率到投资长期利率之间的利率期限结构公式是成立的，也就是存在一个近乎完美的利率传导走廊。这符合发达国家的基本情况，但对于利率市场化仍须健全，以及金融市场存在结构性和制度性摩擦的发展中国家是不成立的。第二，这些理论模型主要认为金融市场摩擦是各类短期扰动冲击的函数，而不是金融市场本身长期结构变化的函数，这对于金融结构和制度比较稳定的发达国家也是基本适宜的。但是对于中国这类因数字金融发展导致金融业态和运行方式发生结构变迁的国家而言，金融市场摩擦将随着金融市场长期结构变化而随之改变，因此这一假定也难以成立。

二、中国货币政策利率渠道传导理论发展

随着我国经济市场化程度逐渐提高，早在2003年《中共中央关于完善社会主义市场经济体制若干问题的决定》中就提出："中央银行通过运用货币政策工具引导市场利率"，央行随后从2004年开始实行再贷款浮息制度。金融危机后，央行加速了货币政策利率渠道的构建，2013年创设了常备借贷便利和短期流动性调节工具，并于2015年完全放开存贷款利率。至此，"放得开、形得成、调得动"的货币政策利率调控体系的第一个环节基本完成。此后，为进一步提高利率传导效率，2019年央行又推出LPR形成机制改革。伴随着改革实践，许多学者从传导机理和传导效果等不同角度，在不同时期对货币政策利率渠道的构建进行了理论与实证探讨。

随着金融市场化改革的推进，关于货币政策利率渠道有效性问题的研究普遍认为，虽然货币政策的利率传导机制已经开始发挥作用，但传导渠道并不畅通，相比之下信贷渠道依然居于主导地位（盛松成和吴培新，2008；姜再勇和钟正生，2010；张辉和黄泽华，2011）。强静等（2018）发现自2011年以来，除政策基准利率之外，市场各期利率并没有反映经济基本面的变化，提出央行的价格型货币政策应该更关注资金流动性与经济基本面的关系。马骏和管涛（2018）通过弹性系数和脉冲响应分析

发现 2013~2017 年国债收益率对短期市场利率的脉冲响应并不显著，但短期利率在信贷市场上的传导效率仍比债券市场更弱。关于影响利率传导的具体机理，宏观层面主要集中在央行监管和货币政策工具问题上（马骏和王红林，2014），微观层面主要围绕企业产权结构差异导致的融资约束问题以及银行融资决策行为展开（冯科和何理，2011；钱雪松等，2015）。而对于如何更好地疏通货币政策的利率传导渠道，学者们主要还是围绕金融市场存在的结构性不完美的情况，从影子银行发展、银行产权结构、银行资金来源等角度展开研究（许少强和颜永嘉，2015；孙国峰和段志明，2016；郭豫媚等，2018）。

总的来看，已有研究对于理解在像我国这样体量巨大的转型经济体中，货币政策利率渠道的传导机理、效果以及如何更科学地构建政策体系的问题，提供了深刻的洞察视角，但仍有如下问题值得进一步开拓：一是缺乏从传导环节的系统论角度全面研究货币政策利率渠道的传导问题的研究。货币政策的利率渠道传导可分为"利率期限结构"和"信贷市场"两个环节，其中，前者主要关注的是短期政策利率如何通过证券市场的套利行为影响长期利率；后者主要关注的是长期利率如何通过信贷市场影响企业的投资需求。目前已有的研究大多集中在第一个环节（孙国峰和段志明，2016；刘明康等，2018；陆军和黄嘉 2021）。关注利率渠道对总需求影响的研究，大部分又将传导环节做为"黑箱"而只关注政策对产出的总体效应，没有考虑信贷市场特质的影响（徐宁等，2017；尚玉皇等，2015）。二是受约束于研究时段的局限，研究缺乏考虑近些年来数字金融迅速发展的背景。已有研究关注了中国的金融发展和金融结构特征对利率渠道的影响（刘莉亚等，2017），但因为所研究时期的局限，对金融发展与金融结构变迁的刻画仍是传统的，极少有将这一问题置于数字金融发展背景之下的研究。在已有的少量文献中，战明华等（2020）通过引入标准的 IS-LM-CC 模型针对数字金融发展对货币政策信贷渠道和利率渠道传导效应的差异展开了分析比较,也并未对利率渠道的具体影响机理和环节进行深入探讨。

第二节 数字金融影响金融摩擦的理论机理

一、数字金融对金融市场信息成本的影响

金融摩擦是指由于金融市场上存在信息不对称而导致成本增加的因素,具体包括信息成本、控制成本、代理成本以及市场分割成本等(Calomiris & Ramirez,1996)。在完美金融市场中,所有市场参与者都消息灵通,因此金融市场的运行极为高效,此时投资的价值可以根据随机折现因子和未来理性预期下的收益进行评估。企业对投资的决策主要基于投资的价值是否超过购买和安装资产的成本。但是由于现实中,厂商掌握的投资项目信息要比局外的直接投资者更为全面,即外部融资主要来自少数对厂商接触较为频繁和深入的经济主体,如银行等传统金融机构。对于其他直接投资者而言,由于完全不具备厂商行为的相关信息,获取信息的成本高,导致对于此类投资者,信息成本会成为阻碍他们对厂商进行投资的障碍。相对地,在信贷市场中,银行等其他金融机构虽然相对于其他直接投资者而言,拥有更多的企业信息,但也不能完全掌握厂商的所有信息。而银行作为金融中介,连接的最终投资者对于厂商的信息掌握也远远少于银行。由此可见,信息不对称问题无论在厂商和直接投资者之间,还是金融中介和厂商之间、间接投资者和金融中介之间,都普遍存在。

信息不对称会导致投资者和厂商之间存在委托代理问题。由于投资风险主要由投资者而不是厂商承担,因此,在面临重大风险时,厂商会

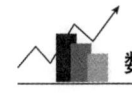

利用自身信息优势改变投资行为，导致投资者预期收益率降低。因此，信息不对称会扭曲投资决策，偏离最有效率的项目。此外，信息不对称也会导致投资者增加对厂商经营行为的监督成本。当经济中存在信息不对称时，投资不仅取决于利率和项目盈利能力，还会受到如投资者监督能力、厂商内部融资能力等因素的影响。对于银行等金融中介而言，由于存在信息不对称问题，需要付出额外的状态证实成本，从而企业获得融资的成本不仅包括贷款利率，还包括了状态证实成本，如果企业可以获得融资，那么投资者的预期收益等于投资者提供资金的机会成本加上状态证实成本。

由此可见，无论是家庭的资产选择还是企业的外部融资过程都面临着信息不对称的问题，主要原因在于信息获取和资源维护存在进入门槛，而传统金融机构也因信息获取和资源维护门槛产生特许价值。而数字金融技术的发展通过将信息数字化，大大降低了信息获取成本，缓解了金融市场参与者面临的信息不对称的现象，并进而缓解了投资者和厂商之间存在的委托代理问题，最终降低了企业面临的金融摩擦。

二、数字金融对金融市场交易成本的影响

根据戈德史密斯（Goldsmith，1969）的金融结构理论，各种金融工具和金融机构的相对规模构成一国的金融结构，金融结构变迁直接关系到一国的金融发展。与传统金融结构变迁相比，数字金融发展是新型数字金融公司的异军突起，非金融业数字金融公司对传统金融机构的颠覆势头"前所未及"。具体表现为数字金融技术迅速从移动支付、网上借贷、众筹融资拓展至云计算、大数据、区块链、人工智能等领域，数字化智能化金融业务模式凸显；新型的数字金融公司迅速兴起，凭借非金融类信息处理能力和数字平台渠道的巨大优势，与传统银行展开全面竞

争,倒逼银行业引进数字技术降低交易成本,扩大服务范围,提高风险测控能力,传统银行不仅因此面临金融客户的流失,贷款业务的重要性也在降低,金融中介主导地位面临大型数字金融公司的挑战。

对于家庭而言,数字金融发展不仅降低了金融资产交易成本,也通过金融工具创新为家庭提供了更多的资产选择,从而降低了市场分割成本。此外,对于企业而言,新型金融科技公司的迅速崛起,既能为企业提供更多的融资渠道,又能倒逼银行业等传统金融机构迫于竞争压力,降低交易成本,扩大服务范围,提高自身的数字化风控能力,从而减少市场分割导致的交易成本。

综上可见,一方面,数字金融不仅通过区块链、大数据等技术缓解了信息不对称的现象,具体表现为降低了投资者的信息获取成本,并减少银行和企业因信息不对称产生的代理成本和监督成本等;另一方面,数字金融增加了家庭的金融资产选择,并提高了金融机构的竞争程度,扩大了金融机构的服务范围,从而缓解了金融市场分割现象,降低了市场分割成本。最终,数字金融提高了金融市场弱势群体获得金融服务的机会,降低了企业融资成本,最终减少了企业面临的金融摩擦。

第三节 数字金融影响货币政策利率渠道传导的理论模型

本部分借鉴伊波利托等(Ippolito et al., 2013)的货币政策传导模型思路,通过构建一个包括企业部门、商业银行和中央银行的局部均衡CGE模型,来解释数字金融发展如何影响了货币政策利率渠道的传导。其中,企业通过信贷市场与商业银行发生借贷关系,中国人民银行负责制定货币政策,且证券市场和信贷市场均是不完全的。相对格特勒和卡

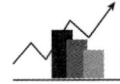

拉迪（Gertler & Karadi，2011）等，模型的拓展主要包括如下几点：第一，考虑到总供给函数的本质是刻画经济中总的要素利用率和一般价格水平的关系，而中国近些年始终存在结构性产能过剩的现实，本章的模型设定中省略了总供给函数，集中探讨数字金融发展通过利率渠道对投资需求的影响效应。第二，不同于传统标准货币政策模型中假定政策是稳定政策，并将缩小实际产出与潜在产出以及实际通胀与目标通胀差异作为政策目标，基于中国的政策实践，本书将中国的货币政策定义为完成政府产出目标的增长政策（Chen et al.，2018）①。第三，利率渠道的传导不仅只关注利率对企业投资的影响，而是由两个环节组成：一是货币政策立场变动引起的短期政策利率对长期利率影响的期限结构传导环节；二是信贷市场上长期利率对企业投资影响的信贷市场传导环节。第四，数字金融既会影响决定利率期限结构的证券市场的套利，也会影响企业和银行信贷市场的质量。第五，由于制度等原因产生的交易成本，假定证券市场不具有直接融资功能，代表性企业资金来源是信贷市场，而不会通过信贷和证券市场之间的边际决策融资②。

一、企业投资需求函数的构建

假设行业中存在 n 家相同的企业，代表性企业的存活率为 λ，企业存活率反映了企业家的计划期限，存活率越低，企业家的计划期限越短。

---

① 国家统计局的数据显示，2010~2019 年，中国通货膨胀率的波动区间为 1.4%~5.4%，其中，仅有 2011 年通货膨胀率高于 4%，而有 8 个年份低于 3%。
② 这相当于假定证券市场是一个纯粹的投机性赌博市场，外生家庭部门的效用是这个市场的资产价格风险和收益的函数，因此这个市场通过家庭部门储蓄在银行和这个市场的边际选择而影响了银行存贷利率。也就是说，这个市场的利率水平相当于银行存贷款利率的影子价格。对中国来说，这一假定源自两个现实：一是一般企业进入证券市场的制度性交易成本仍很高；二是企业通过证券市场融资比例很小（根据《2020 年社会融资规模增量统计数据报告》，非金融企业境内股票融资占比 2.6%）。

此期间企业遵循利润最大化原则，仅投入资本进行生产活动，所需外部资金主要依靠信贷融资，代表性企业期末净值最大化问题与预算约束问题表示如下：

$$\max_{v_t,B_t,L_t,K_t} E_0 \sum_{t=0}^{\infty} (\lambda\beta)^t \log V_t \qquad (3-1)$$

$$\text{s. t.} \quad V_t^e + \frac{1}{\lambda}(1+R_{t-1}^L)B_{1,t-1} + N_{1,t} \leq Y_t + Q_t(1-\varphi)K_{t-1} \qquad (3-2)$$

式（3-1）中，β 为企业家部门的贴现率，V_t^e 为企业期望利润值，式（3-2）中 Y_t 为企业在 t 期的产出，$B_{1,t}$ 为企业从信贷融资渠道获得的贷款总额，Q_t 为企业资本价格，生产活动所需资本为 K_t，φ 为企业资本折旧率，企业当期信贷融资利率为 R_t^L，企业的生产函数为 $Y_t = A_t K_t^\alpha$，A_t 为外生技术冲击的参数。

为了购买所需资本，企业家依靠自有资金来源 $N_{1,t}$ 以及信贷资金 $B_{1,t}$，融资成本和投资收益直接关系到企业的存活率，过高的融资成本将引发企业的贷款风险，因此在模型均衡时，企业的贷款约束等式（3-2）成立。联合式（3-1）、式（3-2）和企业生产函数 $Y_t = A_t K_t^\alpha$ 构建拉格朗日函数，并进行一阶最大化处理，整理得企业自有资金与资产价格的关系式为：

$$N_{1,t} = Q_t(1-\varphi)K_{t-1} - (1+R_{t-1}^L)B_{1,t-1} + \alpha Y_t$$

$$= \left[Q_t(1-\varphi) - (1+R_{t-1}^L)\frac{B_{1,t-1}}{K_{t-1}} + R_t^K\right]K_{t-1} \qquad (3-3)$$

由式（3-3）可见，企业承担的外部融资成本越高，即贷款利率越高，资产净值越低，而企业的资本回报率 R_t^K 越高，企业资产净值越高。假设 I_t 为企业家从事经营活动的投资支出，参考阿尔蒂格等（Altig et al.，2011），科拉萨（Kolasa，2009）的设定，生产资本需求为 K_t，I_t 为企业当期投资额，企业资本积累的过程受到外部技术的冲击和成本调整函数的影响，企业资本存量由企业上期扣除折旧后的资本存量加上投

资品构成,构建企业资本与投资累积方程为:

$$K_{t+1} = (1-\varphi)K_t + \nu_t[1-S(\cdot)]I_t \quad (3-4)$$

式(3-4)表示企业 t 期的投资收益,资本留存与 $t+1$ 期的资本累积过程,$S(\cdot) \equiv S\left(\dfrac{I_t}{I_{t-1}}\right)$ 为成本调整函数,ν_t 为技术进步等外向冲击,并且满足 $S(0)=S'(0)=0, S''(\cdot) \equiv S''>0$。从式(3-4)可以看出,投资对于企业资本积累具有重要作用,企业会一直投资,直至资本购置成本加上边际调整成本等于资本的价值。

鉴于企业家在资本积累的过程中选择最优投资量以追求投资利润最大化,投资最优化问题表示如下:

$$\max_{I_t} E_t \sum_0^\infty \beta[\nu_t Q_t(I_t - S(\cdot)I_t) - I_t] \quad (3-5)$$

式(3-5)中 β 为企业部门贴现率,一阶最优条件即为托宾 Q 方程,将企业资产价格 Q_t 与资本积累过程相联系,通过对数线性化,可得企业投资需求方程如下所示:

$$i_t - i_{t-1} = \beta E_t(i_{t+1} - i_t) + \frac{1}{S''(\cdot)} q_t + \nu_t \quad (3-6)$$

式(3-6)中的 i_t 为对数线性化后的投资 I 的稳态偏离变量①,式(3-6)说明企业的投资波动与企业的资产价格有密切关系,由于企业当期资产价格,取决于企业未来预期现金流以及资产价值的贴现,在忽略物价指数变化的情况下,将企业资产定价决策方程表示如下:

$$Q_t = E_t\left(\frac{R_{t+1}^K}{R_t^F}\right) + (1-\varphi)E_t\left(\frac{Q_{t+1}}{R_t^F}\right) \quad (3-7)$$

对式(3-7)进行对数线性化后整理可得:

$$q_t = \ln E_t\left(\frac{R_{t+1}^K}{R_t^F}\right) + \ln(1-\varphi) + \ln E_t\left(\frac{Q_{t+1}}{R_t^F}\right) \quad (3-8)$$

---

① 下面所有实际变量对数线性化后的稳态偏离变量均用对应变量的小写字母表示。

由于在不完美金融市场环境下，贷款人不可能无成本地观察借款人的经济行为，因而无法有效地分散贷款风险，因此对于企业来说，自有资金越少，外部融资越多，杠杆越高，风险越大，融资溢价也越高。此外，根据抵押约束或有成本执行理论，借款人所能借到的资金数量只能为自有资产的一部分，根据企业的资本累积过程，资产价格的波动将通过影响企业自有资产，进而通过金融加速器渠道影响企业的可贷资金数量，最终决定企业家的投资需求。

在存在金融摩擦的情况下，外部融资溢价的高低依赖于企业的自有资本比例，而自有资金水平与企业的资本总值密切相关，式（3－7）说明企业的资产价格取决于企业家对未来资产价格的预期，对资产收益率的预期，以及企业面临的机会成本，即市场利率 r_t^F。其中，当期资产价格与企业的预期资产价格正相关，与企业的预期资产收益率正相关，与市场无风险利率负相关。设定 $k(\cdot) \equiv E\left\{\dfrac{R_{t+1}^k}{R_{t+1}^F}\right\}$，代表预期资产回报率，在竞争均衡的状态下，$k_t \geq 1$，根据摩尔和清泷信宏（Moore & Kiyotaki, 1997）的抵押约束理论，企业可以通过融资杠杆扩大资产规模，并提取相应比例的投资收益扩大自有资金规模，进而降低融资杠杆并减轻外部融资违约风险，因此，企业预期资产收益和企业杠杆率之间的关系表示如下：

$$E(R_{t+1}^K) = k\left(\frac{N_t}{Q_t K_{t+1}}\right) R_{t+1}^F \tag{3－9}$$

其中，$k'(\cdot) > 0$，对式（3－9）进行线性对数化后可得企业净资产影响投资决策的关系式：

$$E(r_{t+1}^K) = r_{t+1}^F - v[n_{t+1} - (q_t + k_{t+1})] \tag{3－10}$$

鉴于本书的研究目的，本模型假定仅包括企业家，银行部门和中央银行，因此投资需求 i_t 等于模型的总需求 y_t，结合式（3－6）整理后总

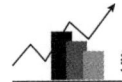

需求模型如下所示：

$$y_t = \alpha E_t y_{t+1} + (1-\alpha) y_{t-1} + \frac{1}{S''(\cdot)} q_t + \nu_t \qquad (3-11)$$

以下将围绕数字金融通过作用于货币政策利率渠道对企业投资需求产生的影响效应进行理论推导。

二、数字金融对证券市场利率传导环节的影响

如前所述，本书中货币政策的利率传导渠道分为证券市场和信贷市场两个环节，这里分析数字金融对第一个环节的影响。借鉴陈等（Chen et al.，2018）的观点和方法，本书设定每年中国都以实现预期产出增长作为货币政策的最终目标，以 M2 和银行间同业拆借利率作为货币政策的操作目标，央行根据本季度初上季度末 t 的产出 Y，通货膨胀率 CPI，市场利率 R 的波动情况，制定下一季度的预期 M2 增长率和短期市场利率。其中，以 R_t^m 表示当期同业拆借市场名义利率，在此以 π_t 为当期通货膨胀率，Y_t 为当期 GDP 产出，以上变量带星号上标代表该变量的目标值。$G_{m,t}$ 为当期 M2 的增长率，$Y_{t-1} - Y_{t-1}^*$，$R_{t-1}^m - R_{t-1}^{m*}$，$\pi_{t-1} - \pi^*$ 分别表示上一期产出、利率和通胀缺口。根据以上设定，央行货币政策规则函数构建如下：

$$\begin{aligned} G_{m,t} = & \gamma_0 + \gamma_m G_{m,t-1} + \gamma_y (Y_{t-1} - Y_{t-1}^*) + \gamma_f (R_{t-1}^m - R_{t-1}^{m*}) \\ & + \gamma_\pi (\pi_{t-1} - \pi^*) + \epsilon_{m,t} \end{aligned} \qquad (3-12)$$

其中，$\epsilon_{m,t}$ 表示服从标准正态分布的独立随机冲击连续变量，γ 为不同指标缺口的弹性系数。根据前面假定，令通胀缺口系数 γ_π 为 0，利率缺口的系数 γ_f 为正。由于我国的产出目标为最低增长目标，设定产出缺口的系数为时变系数，即当 $Y_{t-1} - Y_{t-1}^* < 0$ 时，$\gamma_y < 0$，当 $Y_{t-1} - Y_{t-1}^* \geq 0$ 时，$\gamma_y > 0$，从而保证我国可以实现预期增长目标。

数字金融通过降低证券市场固定交易成本和增发新的证券①，可以改变证券市场的套利条件，因而改变预期利率期限结构的函数表达式。参考麦卡勒姆（McCallum，2005）的设定，考虑在两期利率模型下数字金融对利率期限结构的影响机制，将利率期限结构设定如下：

$$R_t = \frac{R_t^m + E_t R_{t+1}^m}{2} + \xi_t(DF) \qquad (3-13)$$

其中，R_t 代表了信贷市场长期利率，$E_t R_{t+1}^m$ 代表了对远期利率的预期，$\xi_t(DF)$ 为受数字金融影响的时变期限升水随机变量，风险因素变化是导致 ξ_t 变化的原因，且 ξ_t 序列相关。由式（3-13）可见，由于数字金融改变了时变期限升水对信贷市场长期利率的影响，包括央行在内的金融市场参与者可通过数字金融基础设施以及大数据分析等技术提高信息获取和分析能力，提高对风险的预判能力，因此 $\dfrac{\mathrm{d}\xi_t(DF)}{\mathrm{d}(DF)} < 0$。

设定 $\varepsilon_{t+1} = R_{t+1}^m - E_t R_{t+1}^m$ 为对远期利率期望的误差，则式（3-13）可整理为：

$$R_t - R_t^m = \frac{1}{2}(R_{t+1}^m - R_t^m) + \xi_t(DF) + \frac{1}{2}\varepsilon_{t+1} \qquad (3-14)$$

联合式（3-13）和式（3-14）可见，当货币政策面对外在冲击做出响应时，货币政策操作可以通过调整短期利率进而直接对信贷市场长期利率施加影响，而数字金融的发展增强了央行对市场风险的预测能力与防控效率，降低长短期金融产品套利的隐性交易成本，缩减了信贷市场长期利率与短期利率的偏离，提高了货币政策利率渠道的作用效果。

由设定可知，信贷市场长期利率 R_t 等同于企业长期融资利率 R_t^L，同业拆借市场利率 R_t^m 等同于市场短期无风险利率② R_t^F。结合式（3-8）、

---

① 例如，我国余额宝投资货币市场，增加证券市场的容量与证券种类。
② 由于同业拆借市场利率作为货币市场核心利率，能够准确反映整个金融市场短期资金供求关系，在此以同业拆借利率等同于信贷市场短期利率。

式（3-11）和式（3-14）整理投资需求函数：

$$y_t = \alpha E_t y_{t+1} + (1-\alpha) y_{t-1} + \frac{1}{S''(\cdot)} E_t q_{t+1} + (1-\beta(1-\varphi)) v [n_{t+1} - (q_t + k_{t+1})]$$
$$+ \ln 2 (R_t - R_t^m - \xi_t(DF)) - \varepsilon_{t+1} \qquad (3-15)$$

综合以上分析可见，数字金融的发展可以完善利率预期期限结构，进而改善货币政策利率渠道的传导效率，使得"短期政策利率—长期贷款利率—企业投资"这个传导链条更加完善，最终提高货币政策利率渠道的作用效果。

三、数字金融对信贷市场利率传导环节的影响

一方面，假设银行部门在贷款市场存在卖方垄断竞争，企业家对外部融资需求的替代弹性为 ε^E，银行为企业家提供贷款，在资金转移过程中通过边际成本加成定价方式获得最大化收益。由于银行吸收的家庭存款利率近似于市场无风险短期利率，因此以 R_t^F 代表银行当期存款利率，贷款利率定价公式表示为 $R_t^L = \frac{\varepsilon^E}{\varepsilon^E - 1} R_t^F$。银行的技术冲击分为外生技术冲击和内生技术冲击两种，而数字金融属于数字金融发展带来的外生技术变迁，改善了银行的业务推广和服务模式，支付结算的流程以及信息获取能力。此外，数字金融的发展也催生了更多的第三方金融服务平台，企业外部融资需求替代弹性增大，提升了间接融资市场的竞争水平，银行贷款利率加成幅度 $\frac{\varepsilon^E}{\varepsilon^E - 1}$ 也将随着数字金融的发展而下降，降低了企业的信贷融资成本，即企业长期贷款利率下降。

另一方面，借鉴格特勒和卡拉迪（Gertler & Karadi, 2011）对于银行部门在金融摩擦环境下的模型思路，由于存在金融机构监管政策约束，银行不可能无限扩大资产项目，因此在激励相容机制下，银行的资产规

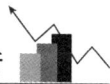

模将受到自有资本规模的限制以及存贷款约束，表示为：

$$\text{s. t.} \quad S_t = \psi_t N_{2,t} \tag{3-16}$$

$$S_t = N_{2,t} + B_{2,t} \tag{3-17}$$

其中，S_t 表示银行面对的非银行金融部门的资产，$N_{2,t}$ 表示银行自有资本，$B_{2,t}$ 表示银行从家庭部门获得的存款。在 $t+1$ 期，银行通过资金转移取得存贷款利差 $R_t^L - R_t^F$，获得资本积累 $N_{2,t+1}$，ψ 为银行的杠杆率，说明银行的资产规模不超过 $\psi_t N_{2,t}$，银行的资本积累方程为：

$$N_{2,t+1} = \left[(R_t^L - R_t^F)\psi_t + R_t^F \right] N_{2,t} \tag{3-18}$$

由于存在金融摩擦，因此在生存期内，银行的利润最大化模型设定为：

$$V_{2,t} = \max_{\{S_t, B_{1,t}\}} E_t \sum_{t=0}^{\infty} \left[(1+R_t^L)S_t - (1+R_t^F)B_{2,t} - \frac{\theta(DF)}{2} \left(\frac{N_{2,t}}{S_t} - \zeta \right)^2 N_{2,t} \right]$$

$$\tag{3-19}$$

式（3-19）中，N_t/S_t 为银行杠杆水平 ψ 的倒数，ζ 为银行的目标杠杆率的倒数。当银行的杠杆水平偏离银行监管部门规定杠杆率时，将产生相关的调整成本。调整成本的高低反映了信贷市场效率水平，信贷市场效率越高，银行运营效率越高，而数字金融相对于传统金融能够更好地发挥大数据优势，提高银行资金运营效率，因此 $\dfrac{\mathrm{d}\theta(DF)}{\mathrm{d}(DF)} < 0$，银行部门利润最大化问题的一阶最优条件表示如下：

$$R_t^L = R_t^F - \theta(DF)\left(\frac{N_{2,t}}{S_t} - \zeta \right)\left(\frac{N_{2,t}}{S_t} \right)^2 \tag{3-20}$$

式（3-20）显示银行贷款利率为银行杠杆水平的非线性函数，反映了银行开展存贷款业务所承担的金融风险。银行杠杆水平越高，银行承担的风险越大；而信贷市场效率越高，$\theta(DF)$ 越小，贷款利率与银行杠杆水平的联系越弱，银行资金营运能力越强，越有利于减弱金融摩擦造成的存贷款利差上升的现象。

由以上分析可知，数字金融一方面通过促进银行竞争降低企业的贷款利率，另一方面也可以提高银行资金营运能力，减弱金融摩擦造成的利差上升的现象。假设企业投资无安装成本，仅存在资金使用成本，当厂商实现利润最大化时，资本的边际收益必须等于其资金使用成本。在自有资本无法满足投资需求的情况下，企业的资本使用成本为外部融资成本，即长期贷款利率 R_t^L。假设行业中代表性企业 t 期所得利润为 V_t，则：

$$(1 + R_t^L) V_t(K_t) = (1 + R_t^L) Q_t - Q_{t+1} \qquad (3-21)$$

设定 $\dot{q} \equiv \dfrac{\mathrm{d}Q}{\mathrm{d}t}$，则式（3-21）可整理为 $\dot{q} = R_t^L Q_t - V_t(K_t)$，当企业家实现利润最大化时，$Q_t = 1$，即资本的市场价值等于其重置成本。当企业收益不变，信贷市场利率 R_t^L 下降时，Q_t 上升，意味着企业的资本存量 K_t 可以继续增加，根据企业投资需求函数式（3-6）可知，企业投资也将随之增加。

由于资本的边际收益必须等于其资金使用成本，故长期贷款利率 R_t^L 下降，企业的资产价格 Q_t 上升。结合上文银行贷款利率定价公式和式（3-11）投资需求函数可知，数字金融发展可以提高金融市场效率，促进金融机构间的竞争以及减少金融摩擦，减少企业的资金成本，进而提高企业的资产价格，最终提高企业的投资需求。

综合以上分析可见，数字金融通过促进金融机构之间的竞争，改进信贷市场质量，企业可以通过更低的成本获得信贷资金，进而提高企业的投资需求。

第四节　本章小结

本章主要围绕数字金融影响货币政策利率渠道"两环节"传导的理

论框架进行探讨，分别从传统货币政策利率渠道传导的理论基础、中国货币政策利率渠道传导研究的进程、数字金融影响金融摩擦的理论机理以及数字金融影响货币政策利率渠道传导的四部分进行论述。关于国外传统货币政策利率渠道理论研究都认为政策短期利率到长期投资利率之间的利率期限结构公式是成立的，存在一个完美的利率传导走廊，但以上情况对于中国存在结构性和制度性摩擦的经济体并不存在。此外，传统理论模型认为金融市场摩擦是短期扰动冲击的函数，不是长期结构变化的函数，这对于数字金融颠覆了传统金融业态和运行方式的经济体也是不存在的。而中国当前货币政策利率渠道传导理论的相关研究既缺乏对"两环节"传导机理的研究，也缺乏结合数字金融对金融结构的改变展开研究。

第一部分结合数字金融通过改变金融结构进而作用于金融摩擦，最终改变货币政策利率渠道的理论研究发现，数字金融通过降低信息获取成本缓解了信息不对称问题，并且通过促进竞争，降低了金融市场分割，减少了企业的融资成本，以上两者都缓解了企业面临的金融摩擦问题。第二部分通过构建理论模型，推导出利率对企业投资需求的影响，并由此得出两个推论：一是数字金融的发展完善了利率预期期限结构，进而改善了货币政策利率渠道的传导效率，使得"短期政策利率—长期贷款利率—企业投资"这个传导链条更加完善，最终提高了利率渠道的作用效果；二是数字金融通过促进金融机构之间的竞争，改进信贷市场质量，企业可以通过更低的成本获得信贷资金，进而提高企业的投资需求。

理论分析说明，数字金融的发展总体上强化了货币政策的利率传导渠道，其机制是通过显著提高利率预期期限结构理论的适用性，以及提高企业投资对利率的敏感度来实现对利率渠道的影响的。这一结果支持了发展中国家的金融发展会提高而非弱化货币政策传导效果的观点，但与许多关于发达国家的研究结论有所不同，说明中国的金融发展与货币政策的关系仍处于更符合发展中国家理论预期的阶段。本章理论分析框架和推导结果为下面实证分析数字金融对货币政策利率渠道传导效果的影响奠定了理论基础。

第四章
Chapter 4

数字金融对货币政策利率渠道关于企业投资传导的影响

根据第三章关于数字金融对货币政策利率渠道传导影响的理论推导，数字金融一方面完善了货币政策利率渠道传导的利率期限结构传导环节，进而改善了货币政策利率渠道的传导效率，使得"短期政策利率—长期贷款利率"这个传导链条更加完善。另一方面，数字金融可以促进金融机构之间的竞争，改进信贷市场质量，企业可以通过更低的成本获得信贷资金，也使得"长期贷款利率—企业投资"的传导链条更加完善，最终提高了货币政策利率渠道传导效率。本章将承接第三章对于数字金融影响货币政策利率传导渠道的理论分析，进一步通过经验数据，采用实证方法对数字金融关于货币政策利率渠道影响的总量效应和对企业投资"两环节"传导的机理路径进行检验。

第一节　数字金融影响货币政策利率渠道对企业投资传导的研究设计

一、数字金融对货币政策利率渠道传导影响效应的模型设定

为解决内生性问题，关于货币政策总量效果的检验大多采用的是 VAR 技术，但传统 VAR 技术对于竞争性理论不敏感，属于非理论导向，因而不适宜用于基于具体理论的机理分析。此外，VAR 的随机扰动项残差变化（表示冲击）与历史上真实的政策变动通常不吻合，因此该技术不宜用于历史分析（Sheffrin & Sargent, 1995; Rudebusch & Svensson, 2002）。考虑到数字金融发展所带来的是金融经济运行机制的结构突变，因此本书借鉴托宾和韦伯（Towbin & Weber, 2013）构建条件脉冲响应 IVAR 模型，将 VAR 模型中的相关系数视作某些制度或结构变量的函数，并识别当这些制度或结构变量变化时，外部冲击在 VAR 系统中传播路径和效果的变化。据此，本书将基准 SVAR 模型以及参考乌尔克和贝鲁门特（Ulke & Berument, 2015）的条件脉冲响应 VAR 系统（IVAR）拓展模型设定如下：

基准模型： $A_0 Y_t = \gamma + \sum_{k=1}^{l} A_k Y_{t-k} + \varepsilon_t$ （4-1）

拓展模型： $A_0 Y_t = \gamma + \sum_{k=1}^{l} A_k Y_{t-k} + U_t$ （4-2）

其中，$Y_t = (\Delta \ln GDP_t, \pi_t, \Delta \ln CREDIT_t, \Delta \ln IN T_t, PIN_t, IR_t, LR_t)^T$，

$U_t = CX_t + \sum_{k=1}^{l} B_k X_t Y_{t-k} + u_t, X_t = DF_t$，

$u_t = (u_{1t}, \cdots, u_{7t})^T, \varepsilon_t = (\varepsilon_{1t}, \cdots, \varepsilon_{7t})^T$，

$$A = \begin{pmatrix} a_{11} & \cdots & a_{17} \\ \vdots & \cdots & \vdots \\ a_{71} & \cdots & a_{77} \end{pmatrix}, B = \begin{pmatrix} b_{11} & \cdots & b_{17} \\ \vdots & \cdots & \vdots \\ b_{71} & \cdots & b_{77} \end{pmatrix}, C = \begin{pmatrix} c_{11} & \cdots & c_{17} \\ \vdots & \cdots & \vdots \\ c_{71} & \cdots & c_{77} \end{pmatrix}$$

其中，$\Delta \ln GDP$ 为产出；π 为通货膨胀率；$CREDIT$ 为企业间接贷款总额，用非金融机构长期贷款增加值表示；由于完全按照 GDP 增长率估算 VAR 将忽略投资和总产出之间的长期关系，并可能导致有偏差的结果，因此模型中加入总投资 INT，以企业固定资产总投资的对数表示；PIN 为经济景气指数，用宏观经济景气指数先行指数表示；IR 为短期政策利率，参考刘冲等（2022），用 7 天期银行间同业拆借利率表示[①]；LR 为长期贷款利率，参考战明华等（2020），采用 1～3 年期中长期贷款利率表示[②]；DF 为数字金融发展水平，由于企业仍以银行信贷市场作为主要资金来源而非第三方融资平台，因此采用根据银行资产规模进行加权平均后的商业银行数字化转型指数（谢绚丽和王诗卉，2023），作为总量代理指标。ε 为具有经济含义的各种结构性随机冲击。

以上 VAR 系统所面临的首要问题是识别问题，即如何根据简约式（4-1）和式（4-2）的估计结果和经济约束条件以识别矩阵 A 和 ε 方差。具体地，识别方法主要有四种：一是根据政策冲击与其他变量之间的时序关系，对 A 施加短期约束（Bernanke & Mihov, 1998 等）。二是根据长期名义冲击中性预期对 A 施加长期约束（Blanchard & Watson, 1986; Gali, 1992）。三是对其他非关注变量关于政策冲击的响应施加正负符号

[①] 根据中国人民银行 2020 年 8 月 31 日发布的《参与国际基准利率改革和健全中国基准利率体系》白皮书，上海银行间同业拆放利率（SHIBOR）为中国当前基准利率体系的一部分，具有能够较好反映货币市场松紧程度以及与政策利率联动性强的特点，并且 SHIBOR 从 2007 年 1 月开始推出，可以完全覆盖本书研究的时间区间。因此，参考刘冲等（2020）的处理，采用 7 天上海银行间同业拆放利率作为短期利率的代表。

[②] "1～3 年期中长期贷款利率"为金融机构人民币存贷款基准利率，相对于"3～5 年期贷款利率""5 年期以上贷款利率"而言，与短期利率的联动性最强，并且与后两者的波动趋势完全同步。因此，本书参考战明华等（2020）的处理方法，采用"1～3 年期中长期贷款利率"作为长期贷款利率的代理变量。

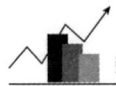

约束（Uhlig，1996）。四是利用一个可观测变量集的综合变动来反映潜在不可观测的货币政策冲击的 FAVAR 方法（Boivin et al.，2010）。考虑到长期约束不利于反映具有长期性质的数字金融发展作用、正负方向性约束识别不足，以及中国的货币政策仍有比较明确的规则（盛松成和谢洁玉，2016；王曦等，2017）等因素，这里采用方法一。

具体地，本书通过对 Y 中包含的价格、产出、政策三大模块之间的短期时序关系进行约束：一是按照货币经济学的典型事实，产出的变动先于价格（Handa，2000），因此将产出置于 π 之前；二是政策制定所依据的信息是当期的，但政策影响是存在时滞的，因此将 IR 和 LR 放至最后，并根据利率传导顺序，将 IR 置于 LR 之前。对于 VAR 系统中其他变量的排序，本书做如下假定：一是 $CREDIT$ 为企业长期贷款变量，反映了利率渠道的信贷市场传导环节，直接作用于投资 INT，因此放在投资 INT 之前；二是由于 GDP，物价指数 π，信贷总量 $CREDIT$ 和投资额 INT 等都是未来景气指数的构成指标，所以将 PIN 排在以上变量之后；三是政策当局根据产出 GDP，本期的通胀 π 和经济景气指数 PIN 制订本期利率政策 IR。

由于货币政策利率渠道的传导链条为"货币政策—短期政策利率—长期贷款利率—企业投资需求"，因此，无论何种货币政策工具，在货币政策影响短期利率强度一定的条件下，利率渠道的大小取决于短期政策利率如何引起总需求的变动，故本书主要关注的是 $\ln GDP$ 关于 IR 的脉冲响应。在控制银行贷款的条件下，这个脉冲响应近似反映了货币政策利率渠道的效果（Aleem，2010；Claus，2011）。本书的预期为如果长短期利率之间的传导是完全的，那么，产出对于长短期利率的脉冲响应差异是很小的；否则，产出对于长期利率的脉冲响应将显著大于短期利率。进一步地，为了反映数字金融（DF）的作用，本书采用迪西亚塔和翁辛西里库尔（Disyatat & Wongsinsirikul，2004）、阿里姆（Aleem，2010）的条件脉冲响应函数方法（IVAR）。具体识别数字金融的路径是：第一，在没有数字金融的情况下基于基准 SVAR 模型做出 IR 和 LR 对产出的脉冲响应，并作出两者的脉冲响应之差；第二，添加数字金融 DF 以及相关交叉项再做脉冲响应，然后计算两者脉冲响应差值；第三，比较基准模型和拓展模型下脉冲响应差值的变化，即可大致反映数字金融对利率渠道的影响。[①]

二、数字金融对货币政策利率渠道"两环节"影响机理的模型设定

（一）数字金融对利率期限结构环节影响机理的实证设计

本部分主要检验第一环节：利率期限结构环节，即数字金融对短期政策利率至长期贷款利率传导环节的影响。计量上验证这一关系面临如下困难：第一，短期利率和长期利率是相互影响的，简单的单方程回归会产生内生性问题；第二，按照利率期限结构理论，只有未被预期到的短期利率变化才会影响长期利率，因此需要考虑观测到的短期利率是否存在预期与未预期之分，并剔除掉预期到的部分（Kuttner，2001）。关于货币政策与利率预期期限结构的研究，已有文献主要考察的是政策短期利率、市场实际短期利率以及预期期限结构三者之间关系的实证模型检验（Smith & Taylor，2009），但无论是直接假定短期利率的制定来自政策当局对金融市场信息的反应，还是假定短期利率的变动来自多维宏观经济变量，都需要对这些变量做降维仿射变换，这些研究隐含的一个前提

[①] 要说明的是，由于不能给出二者缺口值显著性水平，因此这种方法只是提供了一种数字金融在总量上影响的大致判断。不过，类似单方程线性计量模型，在点估计相对准确的情况下，利用基准模型加另一变量的水平项和交互项后估计出来的同一关注变量系数值，也可大致判断该冲击变量影响下关注变量作用效果的变化。

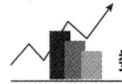

均是长短期利率之间的无套利条件成立,这显然对中国的金融市场不适宜。与以往研究不同,本书所关注的仅是短期利率与长期利率的关系,而忽略政策目标利率变动与短期利率之间的关系,原因如下:一是不同于美联储或欧洲央行,中国的货币政策调控并不存在一个持续的目标货币市场利率;二是无论央行采取何种政策工具和以何种指标作为政策中介目标,货币供给量的变动都会影响短期利率,并进而影响长期利率,而长短期利率之间的传导走廊正是本书研究的主题;三是本书所关注的是数字金融引起的利率渠道传导的变化,而非所引起的货币政策选择的变化。据此,本书拟对麦卡勒姆(McCallum,2005)所构建的考虑风险溢价的利率预期期限结构模型做如下改造:

$$(IR_{t+1} - IR_t) = c + \beta_1(LR_t - IR_t) + \beta_2 DF_t \times (LR_t - IR_t)$$
$$+ \beta_3 DF_t + \delta^T Z_t^T + u_t \qquad (4-3)$$

其中,LR 表示长期政策利率;IR 表示短期政策利率;DF 表示数字金融;u 表示包含风险溢价冲击的随机扰动项;Z 表示其他需要控制的宏观层面经济变量,包括产出增长率(y)、通胀(π)和货币供给量增长率(g_m),其背后原因是中央银行的货币政策操作会引起短期利率变动进而影响利率期限结构,而单一规则不足以反映中国货币政策的实际操作(王曦等,2017),因而本书将可能影响央行货币政策操作的核心变量全部纳入了模型之中。麦卡勒姆(McCallum,2005)基于两期名义利率模型和无套利假定等相关前提条件,最终推导得出了 $0.5(IR_{t+1} - IR_t)$ 关于 $(LR_t - IR_t)$ 的回归系数在理论上应等于 1 的结论。然而,如果放松相关前提条件与模型基本假定,那么 $(IR_{t+1} - IR_t)$ 关于 $(LR_t - IR_t)$ 的回归系数预期值便会随之发生变化,但该回归系数预期值始终大于 0。如果数字金融完善了利率预期期限结构,将有如下预期结果:(1)交互项 $DF_t \times (LR_t - IR_t)$ 的系数估计值 $\hat{\beta}_2$ 与 $(LR_t - IR_t)$ 的系数估计值 $\hat{\beta}_1$ 均显著为正;(2)变量 DF_t 的系数 $\hat{\beta}_3$ 显著为正。

式（4-3）估计过程需要解决如下问题：一是因包含风险溢价冲击而存在的随机扰动项序列相关问题；二是短期利率与长短期利差变动互为因果，从而导致了内生性问题。对于第一个问题，由于麦卡勒姆认为风险溢价冲击是一阶序列相关的，因而此处运用可行的广义最小二乘法（FGLS）来对其进行估计，从而确保实证结果的稳健性。而对于第二个问题，导致式（4-3）估计出现偏误的根本原因是风险溢价冲击是序列相关的而非固定常数，并且该式有着明显的经济学因果方向，即人们一般是根据收益率曲线变动来调整投资决策而不是相反，据此本书不再额外对第二个问题进行特殊处理。

以上两部分实证检验均采用季度频率的时间序列数据，根据数据可得性，选择样本区间为2010年第一季度至2021年第四季度。相关变量均已进行了Census X-12季节调整处理与平稳性检验，部分非平稳变量已进行差分处理，确保进行模型中的均为平稳变量。以上所有数据均来自Wind数据库。

（二）数字金融影响信贷市场质量的模型设定

由于货币政策利率渠道传导效果需要通过"两环节"实现，因此，检验数字金融对货币政策利率渠道传导的影响，不仅需要检验对利率期限结构环节的传导效果，还需要检验第二环节，即接续利率期限结构环节之后信贷市场环节的传导受数字金融影响后的效果。根据假设4-2的理论逻辑，此部分实证涉及对微观机理的检验，因此不同于假设4-1，本书采用基于微观数据的单方程模型对假设4-2进行检验，以避免宏观时序变量因果关系难以识别的问题。

由于企业投资面临的是一个不完全的金融市场，因此，在风险中性条件下，企业投资不仅取决于新古典的预期收益率与资本边际成本的比较，而且还与企业的自有资金相关（Fazzari et al., 1988）。根据理论，

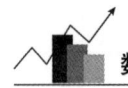

货币政策冲击通过利率对企业投资会产生两种效应：一是利率渠道的直接效应。货币政策冲击通过利率期限结构影响长期利率变化，从而通过新古典的利率成本渠道影响企业投资。二是利率渠道的间接效应。货币政策冲击引起的利率变化会改变企业资产价值的贴现值，从而改变企业的抵押能力，进而改变企业的外部资金获取能力与投资水平（Bernanke et al.，2005）。显然，从企业投资角度看，数字金融对货币政策利率渠道的影响应当体现出对上述两个效应的影响。据此，本书设定如下计量模型：

$$\begin{aligned} Invest_{idt} = & c + \sum_{j=1}^{n} \beta_{1j} Invest_{id,t-j} + \beta_2 LR_t + \beta_3 Cash_{it} + \beta_4 DF_{dt} \\ & + \beta_5 DF_{dt} \times LR_t + \beta_6 DF_{dt} \times Cash_{it} + \delta_1 EI_t + \delta_2 SHA_{dt} \\ & + \gamma_j Z_{it}^j + \mu_i + \epsilon_{idt} \end{aligned} \quad (4-4)$$

其中，i、d、t 分别表示企业、地区和季度。被解释变量 $Invest$ 为企业投资水平，滞后项反映的是企业在存在调整成本的条件下，投资逐步向合意资本存量调整的动态过程。核心关注解释变量为长期贷款利率（LR）、企业现金流（$Cash$）与数字金融（DF）的交叉项，即 $DF \times LR$ 和 $DF \times Cash$。EI 为宏观经济状况，用于控制经济周期性因素对企业投资变化所产生的影响；SHA 为影子银行，用于控制资金的体制外或银行表外循环对企业资金获取能力的影响；Z^j 为企业层次的各种控制变量组成的向量，用于控制企业层次的其他因素对于企业投资情况的影响。μ_i 为个体固定效应，ϵ_{it} 为扰动项。由于核心解释变量 LR 为时间序列，参考项后军和周雄（2022）的处理方法，没有加入时间固定效应，而是引入宏观层面控制变量来刻画仅随时间变化的宏观环境调整。

根据货币政策利率渠道的直接效应，货币政策冲击所引起的利率提高会增加企业的资本成本从而减少企业投资，因此预期 LR 的系数估计值为负。若数字金融加强了货币政策利率渠道的直接效应，则 DF 与 LR 的交叉项符号与原有变量应保持一致，即 $DF \times LR$ 的系数估计值为负。

式（4-4）在参数估计与统计推断上可能存在以下问题：第一，可能存在与截面单元相关但观测不到的因素，这些因素既可能影响被解释变量，又可能与部分解释变量相关，从而导致参数估计的非一致性；第二，随机扰动项 ε 的时序相关性和异方差性导致的参数标准误估计的偏误；第三，解释变量中的被解释变量滞后项与随机扰动项相关引起的参数估计非一致性和统计推断的失效。对此，本书采用系统 GMM 方法来解决上述问题。

三、变量选择与数据说明

（一）主要变量定义

企业投资水平（Invest）：不同于其他成熟市场经济国家，在中国银行信贷依然为企业主要融资渠道[①]，直接融资占比较低，对于企业无论短期投资还是长期投资，主要外部资金来源依然高度依赖于银行信贷市场（李建军和马思超，2017）。因此，本书在此根据企业资产负债表的具体项目并参考靳庆鲁等（2012）的文献，采用企业总投资额与总资产的比值衡量，即使用"（当期构建固定资产、无形资产和其他长期资产支付的现金与其他营业单位支付的现金净额之和）-（处置固定资产、无形资产和其他长期资产收回的现金净额）"作为分子，期初总资产作为分母的比值，测度企业的投资水平。

长期贷款利率（LR）：根据中国利率市场化改革的实际情况以及借鉴郭豫媚等（2018）的相关研究文献，本书采用中国人民银行公布的金融机构贷款季度加权平均利率作为企业长期贷款利率。随着我国利率市场

[①] 中国人民银行统计数据显示，2021 年 12 月末对实体经济发放的人民币贷款余额占同期社会融资规模存量的 61%，政府债券余额占比 16.9%，企业债券余额占比 9.5%，非金融企业境内股票余额占比 3%。数据来源网址：http://www.gov.cn/shuju/2022-01/13/content_5667970.htm。

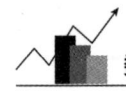

化改革的推进，长期贷款利率的波动幅度逐渐扩大，更能体现数字金融对利率渠道的影响效应，因此下面也将采用 5 年期以上的 LPR 贷款市场报价利率进行稳健性检验。

短期政策利率（IR）：为保证此指标体现与政策的高度相关以及市场反应的及时性和紧密性，本书采用与银行贷款利率相关性最高的 7 天上海银行间同业拆放利率（SHIBOR_7D）作为代理变量，并同时将银行间存款类金融机构利率债 7 天质押回购利率（DR007）进行稳健性检验。根据中国人民银行于 2020 年 8 月 31 日发布的《参与国际基准利率改革和健全中国基准利率体系》白皮书，存款类金融机构质押式回购利率（DR）和上海银行间同业拆借利率（SHIBOR）两者为中国当前基准利率的一部分，其中，SHIBOR 报价由 18 家商业银行组成，均为公开市场一级交易商，是了解市场资金面的晴雨表，一直被认为是重要的政策利率之一，并广泛用于货币市场和资本市场各层次金融产品定价（易纲，2021；刘冲等，2022），但存在缺乏真实交易作为支撑以及相对于回购市场规模小的缺点[①]。DR007 为央行 7 天逆回购利率直接影响的市场基准利率，交易者仅为存款类金融机构，抵押品必须为利率债，可降低交易对手信用风险和抵押品质量对利率定价的扰动，反映银行间货币市场流动性松紧情况。

数字金融发展程度（DF）：关于此指标的选择，有两个问题需要重点解决，一是保证指标衡量的准确性；二是契合指标的经济含义。文献中有一种观点认为需要衡量每个银行的数字金融运用程度，但鉴于本书关注的是数字金融的运用在平均意义上对货币政策利率渠道的影响效应，因此借鉴评估金融发展对企业融资约束影响相关研究的做法（姚耀军和

[①] 根据中国人民银行《2021 年金融市场运行情况》显示：2021 年，银行间货币市场成交共计 1164.0 万亿元，同比增长 5.2%。其中，质押式回购成交 1040.5 万亿元，同比增长 9.2%；买断式回购成交 4.7 万亿元，同比下降 32.6%；同业拆借成交 118.8 万亿元，同比下降 19.2%。网址：http://www.gov.cn/xinwen/2022-02/02/content_5671655.htm。

董钢锋，2015；Naeem & Li，2019），本书认为银行业整体数字金融运用水平的观测值可以满足检验的需要。关于银行业数字金融运用的衡量目前并无统一指标，其中一种方法是谢绚丽和王诗卉（2022）构建的"北京大学中国商业银行数字化转型指数"，另一种指标则基于纯粹的文本挖掘法进行指标构建（金洪飞等，2020）。考虑到"北京大学中国商业银行数字化转型指数"已覆盖2010~2021年的数据，文本挖掘法则存在对信息提炼的主观先验性以及文本信息偏误等问题。此外，本书将"北京大学中国商业银行数字化转型指数"与郭峰等（2020）的"北京大学数字普惠金融指数"进行统计相关分析，发现二者的相关度很高[①]且趋势高度一致。这说明"北京大学数字普惠金融指数"虽然基于蚂蚁金服交易账户的底层数据构建，覆盖范围广，但银行部门对数字金融的运用程度与中国数字金融发展程度依然高度相关，且影响的是当前中国最主要的融资渠道：银行信贷市场。综合以上考虑，本书决定采用"北京大学中国商业银行数字化转型指数"作为本书基准回归的选择指标[②]，而同时将"北京大学数字普惠金融指数"（2011~2021）作为稳健性检验部分的指标选择。

企业现金流水平（$Cash$）：采用企业经营性现金流净额的对数表示，如果银行对数字金融的运用放大了货币政策利率渠道的影响，则企业现金流水平对投资的敏感度也将减弱。

（二）控制变量定义和选择

影子银行规模（SHA）：影子银行作为企业非正规融资的桥梁，是企业投资业务资金来源不可忽视的补充渠道（Allen et al.，2019），但相对

[①] 通过相关性分析发现两者相关度达98.75%。
[②] 模型（4-1）、模型（4-2）、模型（4-3）采用的是宏观时序数据，故使用国家层面的数字金融发展指标，模型（4-4）为微观面板数据，故采用省级层面数字金融发展指标。本书以下章节对数字金融变量都以此方式进行处理。

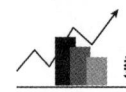

于宏观层面的影子银行发展水平，企业所在地区的影子银行规模更能体现民间金融为企业投资业务提供的渠道便利。因此，本书参考陈等（Chen et al.，2018），彭俞超和何山（2020），李青原等（2022）的方法，采用企业所在地省级层面的社会融资规模存量中的委托贷款、信托贷款和未贴现银行票据之和占社会融资规模的比值作为企业所在地区影子银行发展水平的代理变量，用来控制影子银行发展对企业投资可能造成的影响。

其他宏观层面控制变量（EI）：用于控制宏观层面的经济发展，金融和市场情况变量，具体包括（1）产出增长率（$PGDP$），用企业所在省份人均 GDP 的对数表示；（2）通胀水平（CPI），采用消费物价指数同比增长率；（3）宏观经济景气指数（PIN），用宏观经济景气指数先行指数表示。

微观层面控制变量（Z）：企业个体层面可能影响投资水平的特征变量，具体包括（1）企业盈利能力（PRO），为企业期末净利润与净资产的比值；（2）企业股权结构（ES），采用虚拟变量表示，国有控股赋值为 1，其余赋值为 0；（3）企业直接融资能力（TQ），采用企业市场价值与其资产重置成本的比例表示；（4）企业成立年限（AGE），以企业注册年限的自然对数表示；（5）流动性资产比率（LIQ），以企业当期净利润与折旧的和与期末总资产的比值表示；（6）政府补助（$Subsidy$），以企业所得政府补助的对数表示。

（三）数据选择与处理

本部分所使用的数据包括宏观数据与微观数据两大部分，样本区间为 2010 年第一季度至 2021 年第四季度。其中，宏观数据为季度频率的时间序列数据，微观样本来源于沪深两市 A 股上市公司，相关数据来自中国人民银行网站和 Wind 数据库。以上数据处理过程包括：剔除所有的金融类企业；剔除数据缺失较为严重的公司；剔除出现 PT 和连续出现 ST 以及当年 IPO 的上市公司；剔除主营业务利润率持续为负等存在明显经营问题的公司；对主要解释变量进行了头尾缩减 1% 的 Winsorize 处理；对部分少量缺失数据采用了平滑移动平均法予以补齐。经过上述处理，最终筛选得到了 4162 家上市公司作为样本，相关时间序列变量均已进行了 Census X-12 季节调整处理。最后需要说明的是，为使回归系数具有可比性，本书对所有变量的数据都进行了 Z-score 标准化处理。

表 4-1 为本书主要变量的描述性统计结果，可见企业的投资水平与现金流水平差距明显，说明企业面临的融资需求差距较大，而从影子银行变量也可以看出，表外业务通道是部分企业重要的资金来源，也说明传统金融市场的资金供给难以满足企业投资的资金需求，企业面临的是一个不完备的信贷市场。

表 4-1　　　　　　　　描述性统计结果

变量	观测值	均值	中位数	标准差	最小值	最大值
$Invest$	126721	0.021	0.016	0.044	-0.108	0.275
LR	126721	5.324	5.300	0.085	3.280	6.560
IR	126721	3.681	3.400	1.309	1.746	7.567
DF	126721	3.419	3.485	0.562	2.639	4.144
$PGDP$	126721	9.829	9.890	0.978	6.825	11.719
CPI	126721	1.183	1.189	0.085	0.991	1.301
PIN	126721	100.538	100.240	3.278	95.640	105.58
$Cash$	126721	3.577	3.321	1.177	0.071	13.781
SHA	126721	0.063	0.003	0.146	0.000	0.548
PRO	126721	0.024	0.018	0.040	-0.139	0.159
ES	126721	0.375	0.000	0.484	0.000	1.000
AGE	126721	2.045	2.303	0.935	0.000	3.433
TQ	126721	2.127	1.649	1.468	0.854	9.530
$Subsidy$	126721	9.296	13.868	7.674	0.000	22.732

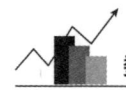

第二节 实证结果分析

一、数字金融对货币政策利率渠道传导影响效应的实证结果

图 4-1 为不考虑数字金融作用下,产出关于长短期利率的 SVAR 基准脉冲响应结果。其中,图 4-1(a)结果显示,当短期利率产生 1 单位标准差的正向冲击后,产出的总体脉冲响应为负但并不显著异于 0。这表明在基准情形下,中国的货币政策冲击可能存在"产出之谜",没有对产出起到显著的促进作用。相对于短期利率,长期利率的冲击(见图 4-1(b))引起了负向显著的产出响应,但峰值仅为 -0.1812,后至第 4 期平稳收敛至 0 值线。可见相对于短期利率,长期利率对产出的影响更符合经济理论预期,但同时,由于产出关于长短期利率的脉冲响应差距较大,一定程度上也说明了短期利率与长期利率之间的传导出现了梗阻,货币政策的利率传导渠道并不畅通。

(a)产出对短期利率的脉冲响应　　(b)产出对长期利率的脉冲响应

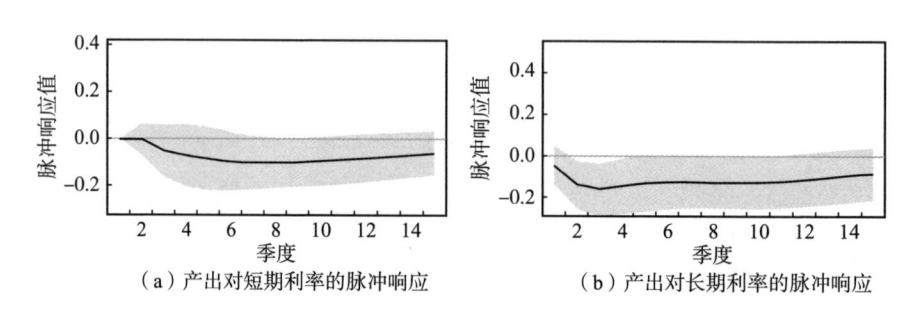

图 4-1　基于 SVAR 基准模型的产出对长短期利率的脉冲响应图

注:阴影部分表示 95% 置信区间。
资料来源:笔者整理绘制。

图 4-2 为加入了数字金融作为内生变量后,产出关于长短期利率的 IVAR 拓展模型脉冲响应结果。结果显示,加入数字金融交叉项后,产出

关于长短期利率冲击都呈现出显著为负的脉冲响应，其中产出对于短期利率的响应于第 4 期到达最大值 -0.1906，至第 8 期基本收敛至 0；长期利率相对于短期利率对产出的冲击持续时间较长，至第 4 期到达最大值 -0.2737，大致于第 9 期向 0 收敛。

（a）产出对短期利率的脉冲响应　　（b）产出对长期利率的脉冲响应

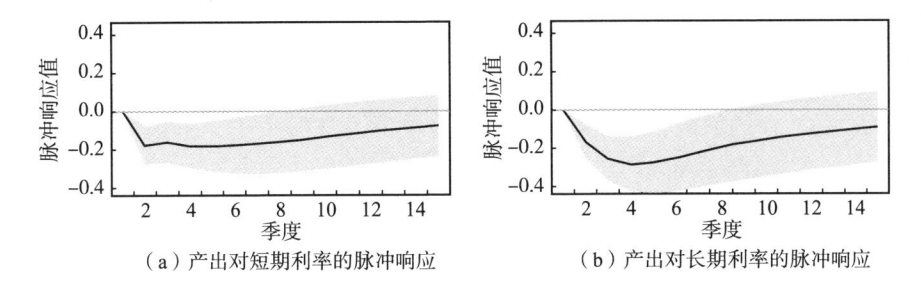

图 4-2　基于 IVAR 拓展模型的产出对长短期利率的脉冲响应图

注：阴影部分表示 95% 置信区间。
资料来源：笔者整理。

图 4-1 和图 4-2 的结果说明：一是数字金融的加入扭转了产出对于利率响应不显著的情况，说明数字金融的发展对于消除"产出之谜"具有显著的作用，使得利率渠道的作用效果更强，有助于货币政策实现预期目标；二是数字金融的加入使得产出关于长短期利率的脉冲响应差异缩小，说明数字金融完善了利率预期期限结构，使得货币政策的利率传导链条更为畅通，卢卡斯批判所强调的理性预期得到了更好的呈现。以上结果与发展中国家的大多数研究结果一致，数字金融的发展有利于完善金融市场，提高货币政策的传导效率。其原因可能在于数字金融的发展提高了央行在内的金融市场参与者通过大数据获取信息和预测趋势的能力，降低了可能存在的长短期金融产品套利成本，从而缩小了长短期利率的偏离，提高了货币政策利率渠道的作用效果。但因为 VAR 模型具有非理论导向，只能粗略的说明机理，虽然加入一些理论性的限制，也无法深入观察其对机理的具体作用渠道、大小和显著性。因此，具体机理本书将在以下的实证分析中加以验证。

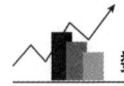

二、数字金融影响"两环节"之利率期限结构的实证结果

表4-2给出了式(4-3)的实证估计结果,由表中结果可见:第一,当前中国的利率预期期限结构传导链条已初步构建,但仍需进一步完善。表中各列的实证结果显示,无论是否添加相关控制变量,变量($LR_t - IR_t$)的系数估计值始终在1%的水平上显著为正,但绝对值均小于1。这说明长短期政策利率之差能够显著引起短期政策利率水平的变动,但相对于利率预期期限结构完全成立条件下的理论预期影响而言,这一影响幅度相对较小,仍存在一定程度的差距。第二,数字金融对于中国的利率预期期限结构传导链条具有较为明显的完善作用,这支持了假设4-2中的判断。首先,表4-2中列(4)的结果显示,交互项$DF_t \times (LR_t - IR_t)$的系数估计值为0.0784且在1%的水平上显著。这一结果说明在将数字金融引入模型中后,金融市场得到了一定程度的完善,此时长短期政策利率之间的关系更加紧密,从而导致($IR_{t+1} - IR_t$)关于($LR_t - IR_t$)的回归系数更加接近于理论预期值。其次,表4-2中列(4)结果还显示,变量DF的系数估计值为0.0089且在1%的水平上显著。这一结果说明数字金融发展除了使得长短期政策利率之间的关系更加紧密之外,还直接降低了风险溢价冲击对于利率预期期限结构的破坏,从而进一步完善了利率预期期限结构,提高了利率渠道中"短期利率—长期利率"这一环节的传导效果。

表4-2 数字金融与利率期限结构

变量	(1)	(2)	(3)	(4)
LR-IR	0.5761 *** (0.1305)	0.5135 *** (0.1270)	0.7008 *** (0.1332)	0.6831 *** (0.1325)
$DF \times$ (LR-IR)		0.0625 *** (0.0212)		0.0784 *** (0.0236)

续表

变量	(1)	(2)	(3)	(4)
DF		0.0008*** (0.0001)		0.0089*** (0.0013)
y			-0.0049*** (0.0007)	-0.0046*** (0.0008)
π			0.0053*** (0.0011)	0.0051*** (0.0010)
gm			-0.0022*** (0.0007)	-0.0020*** (0.0005)
Constant	-0.0189*** (0.0021)	-0.0337*** (0.0020)	-0.0409** (0.0037)	-0.0431*** (0.0039)
样本数量	48	48	48	48
Adj-R^2	0.278	0.281	0.338	0.359

注：***、**、*分别表示在1%、5%、10%的水平上显著；括号内为稳健标准误。

三、数字金融影响"两环节"之信贷市场质量的实证结果

表4-3为数字金融对信贷市场质量环节影响机理的实证结果，由检验结果可见：第一，数字金融强化了货币政策利率渠道的直接效应，且这种强化效应显示出对不同规模企业的较强异质性。列（4）的实证结果显示，在模型中加入了数字金融相关交叉项后，变量LR和交叉项DF×LR的系数估计值分别为-0.0211和-0.1101且均在5%的水平上显著。这说明对于全样本企业来说，其投资水平关于长期利率具有较为显著的敏感性，而数字金融发展水平的提高使得长期利率对投资的边际影响显著增大，即企业投资对长期利率的变化更为敏感。结合前述分析中数字金融发展对于利率期限结构传导机制的影响，可以认为数字金融发展水平的提高使得"长期利率—企业投资"这一传导链条更加有效，从而在

整体上强化了货币政策利率渠道的作用效果。此结果说明,数字金融提高了金融机构的竞争程度,不仅拓宽了企业的融资渠道也降低了企业的资金成本,从而使得企业投资关于贷款利率的敏感度增加。

表4-3　　　　　　数字金融与企业投资:上市公司

变量	(1)	(2)	(3)	(4)
$Invest_{-1}$	0.1014*** (0.0256)	0.1223*** (0.0441)	0.1128*** (0.0294)	0.1125*** (0.0203)
LR	-0.1195** (0.0584)	-0.1311** (0.0532)	-0.0048* (0.0026)	-0.0211** (0.0104)
$Cash$	0.0062* (0.0037)	0.0081** (0.0034)	0.0391** (0.0171)	0.0335** (0.0143)
DF			0.0035** (0.0018)	0.0114** (0.0062)
$DF \times LR$			-0.1147** (0.0571)	-0.1101** (0.0556)
$DF \times Cash$			-0.0328 (0.0383)	-0.0254** (0.0105)
SHA	0.0431*** (0.0025)	0.0074*** (0.0008)	0.0871*** (0.0013)	0.0069*** (0.0039)
PRO	0.0264** (0.0119)	0.0313** (0.0160)	0.0212** (0.0101)	0.0312** (0.0149)
ES	0.0182*** (0.0065)	0.0552*** (0.0043)	0.0335*** (0.0047)	0.0654*** (0.0151)
AGE	0.2501*** (0.0427)	0.0164** (0.0072)	0.2402*** (0.0407)	0.0976** (0.0312)
TQ	0.2142*** (0.0315)	0.2090*** (0.0902)	0.2102*** (0.0614)	0.4025*** (0.0314)
$Subsidy$	0.2531*** (0.0455)	0.0164** (0.0074)	0.2552*** (0.0413)	0.0162** (0.0073)

续表

变量	(1)	(2)	(3)	(4)
PIN	0.0245 ** (0.0116)	0.2044 *** (0.0612)	0.0733 * (0.0429)	0.1896 ** (0.0892)
CPI	0.0320 *** (0.0109)	1.2731 *** (0.1139)	0.0180 *** (0.0032)	1.1104 *** (0.4129)
PGDP	0.1814 *** (0.0302)	1.5705 *** (0.1237)	0.2838 *** (0.1013)	1.2947 *** (0.3409)
Constant	1.0934 *** (0.3455)	0.5071 ** (0.2661)	1.8244 *** (0.4726)	0.7309 ** (0.3482)
个体效应	否	是	否	是
观测值	104315	104315	104315	104315
AR（1）	0.044	0.032	0.035	0.038
AR（2）	0.588	0.781	0.572	0.585
Hansen test	0.289	0.302	0.246	0.241

注：①***、**、*分别表示在1%、5%、10%的水平上显著；括号内为稳健标准误。②AR（1）和AR（2）检验分别给出了模型残差项一阶差分的一阶和二阶自相关检验的P值；Hansen检验列出了工具变量过度识别的P值。

第二，数字金融弱化了货币政策利率渠道的间接效应，并且这种弱化同样显示出对企业类型的异质性。具体地，由列（4）实证结果可知，在模型中加入了数字金融相关交叉项后，变量Cash和交叉项$DF \times Cash$的系数估计值分别为0.0335和-0.0254且均在5%的水平上显著。这说明企业面临明显的信贷配给，而数字金融发展则弱化了企业投资对现金流的敏感度，减弱了信贷配给问题。以上结果也意味着，数字金融发展通过新信息技术提高了金融市场运行效率并减弱了银企信息不对称问题，从而减弱了金融摩擦，缓解了企业面临的信贷配给问题，最终降低了企业投资关于自有现金流的敏感度。

第三节 稳健性检验

一、替换关键变量的衡量指标

（一）替换政策利率测度指标

由于存款类机构质押式回购利率（DR）与上海银行间同业拆放利率（SHIBOR）都被视为中国当前基准利率体系的一部分，因此，本书将存款类机构质押式回购利率DR007作为短期政策利率测度指标对数字金融与利率期限结构传导环节进行稳健性检验。表4-4给出了关于式（4-3）的稳健性检验结果。表中结果显示，更换短期政策利率测度指标后，中国的利率预期期限结构传导链条仍是存在的，并且数字金融仍对其具有完善作用。表4-4的检验结果与表4-2结果基本保持一致，一定程度上证实了实证结果的稳健性。

表4-4　　　　数字金融与利率期限结构（替换政策利率）

变量	(1)	(2)	(3)	(4)
LR-IR	0.5991*** (0.0561)	0.5722*** (0.0482)	0.6916*** (0.0593)	0.6375*** (0.0560)
DF×(LR-IR)		0.0381** (0.0182)		0.0539*** (0.0127)
DF		0.0037** (0.0017)		0.0049** (0.0023)
Constant	-0.0143*** (0.0017)	-0.0217** (0.0102)	-0.0298*** (0.0045)	-0.0301*** (0.0104)
控制变量	否	否	是	是
样本数量	48	48	48	48
Adj-R^2	0.260	0.294	0.352	0.371

注：***、**、*分别表示在1%、5%、10%的水平上显著；括号内为稳健标准误。

(二) 替换数字金融测度指标

为检验使用商业银行数字化转型指数这一指标是否存在片面性,此部分利用年度数据,将"北京大学数字普惠金融指数"(郭峰等,2020)作为数字金融发展测度指标对数字金融与信贷市场质量环节实证部分进行稳健性检验。表4-5为更换数字金融测度指标为数字普惠金融指数后的检验结果。由表中结果可以看出,数字金融提高了企业投资关于贷款利率的敏感性,完善了货币政策利率渠道传导的信贷市场质量环节,一定程度上证实了基准回归结果的稳健性。

表4-5 数字金融与企业投资(替换数字金融指标)

变量	(1)	(2)	(3)	(4)
$Invest_{-1}$	0.1771** (0.0341)	0.1315*** (0.0256)	0.4146*** (0.0215)	0.4107*** (0.1415)
LR	-0.0313** (0.0154)	-0.0026* (0.0015)	-0.0042* (0.0026)	-0.0261* (0.0144)
$Cash$	0.0292** (0.0125)	0.0071* (0.0039)	0.0024* (0.0013)	0.0226** (0.0163)
DF			0.0032* (0.0018)	0.0120* (0.0071)
$DF \times LR$			-0.1019* (0.0612)	-0.0716* (0.0406)
$DF \times Cash$			-0.1308 (0.1314)	-0.4054* (0.2117)
$Constant$	1.2034*** (0.3655)	0.5072** (0.2551)	1.8213*** (0.4726)	0.7401** (0.3482)
控制变量	是	是	是	是
个体效应	否	是	否	是
观测值	95622	95622	95622	95622
AR(1)	0.042	0.044	0.046	0.029
AR(2)	0.519	0.381	0.572	0.385
Hansen test	0.189	0.102	0.186	0.101

注:①***、**、*分别表示在1%、5%、10%的水平上显著;括号内为稳健标准误。②AR(1)和AR(2)检验分别给出了模型残差项一阶差分的一阶和二阶自相关检验的P值;Hansen检验列出了工具变量过度识别的P值。

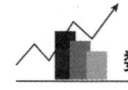

二、考虑样本选择偏误

考虑到在我国企业上市门槛较高,相对于非上市公司,上市公司由于具备更广泛的直接融资渠道以及规范透明的公司治理等,此类企业面临的信贷配给程度较低,对利率的敏感性更高,采用上市公司作为样本可能存在数字金融对货币政策利率渠道的影响效应被高估的问题。因此,利用《中国工业企业数据库》中的非上市公司样本,本书重新对式(4-4)进行了实证分析。出于数据可得性等方面的考虑,此部分样本区间为2007~2013年,样本截面为经过筛选后所获得的303945家非上市公司。诸如企业投资等相关核心变量与企业层面控制变量的指标定义,本书重新对其进行了测度。具体而言,企业投资水平 $Invest$ 以"(期末固定资产原值-期初固定资产原值+本期累计折旧)/企业固定资产合计"表示;企业现金流量 $Cash$ 以"企业营业利润总额"表示。数字金融变量 DF 因可得数据限制,采用第三方支付规模的对数表示。

表4-6给出了非上市公司样本的估计结果,由表可见,数字金融对于非上市公司的整体影响与上市公司类似,同样强化了货币政策利率渠道的直接效应并弱化了货币政策利率渠道的间接效应。具体来看,表中列(4)结果显示,主要解释变量 $DF×LR$ 和 $DF×Cash$ 的系数估计值分别为-0.1535和-0.0347,且均在5%的水平上显著。虽然相较相同规模类别的上市公司,对应规模的非上市公司对于利率的敏感度以及融资约束程度均有所不同,数字金融对货币政策利率渠道和信贷渠道的影响也不尽相同,但整体来说,此处实证结果与表4-3中上市公司的结果基本保持一致,说明本结论适用性较强,实证结果较为稳健有效。

表 4-6　　数字金融与企业投资：非上市公司

变量	(1)	(2)	(3)	(4)
$Invest_{-1}$	0.1892** (0.0785)	0.2671*** (0.0402)	0.1426*** (0.0207)	0.2192*** (0.0406)
LR	-0.1070** (0.0454)	-0.1991*** (0.0215)	-0.0042 (0.0036)	-0.0463 (0.0283)
$Cash$	0.0102 (0.0125)	0.0094*** (0.0028)	0.0417* (0.0223)	0.0441** (0.0226)
DF			0.0032* (0.0015)	0.0088** (0.0039)
$DF \times LR$			-0.1029* (0.0612)	-0.1535** (0.0701)
$DF \times Cash$			-0.0314 (0.1314)	-0.0347** (0.0151)
$Constant$	1.2007*** (0.3175)	1.7812*** (0.1346)	1.8213*** (0.4726)	0.8792*** (0.2234)
控制变量	是	是	是	是
个体效应	否	是	否	是
观测值	221942	221942	221942	221942
AR (1)	0.032	0.031	0.045	0.035
AR (2)	0.624	0.517	0.551	0.635
Hansen test	0.107	0.268	0.106	0.363

注：① ***、**、* 分别表示在1%、5%、10%的水平上显著；括号内为稳健标准误。② AR (1) 和 AR (2) 检验分别给出了模型残差项一阶差分的一阶和二阶自相关检验的 P 值；Hansen 检验列出了工具变量过度识别的 P 值。

三、控制其他可能的影响因素

为避免经济政策不确定性等其他影响经济运行的宏观因素对文中实证结果造成的影响，本书在实证模型式（4-4）中额外引入经济政策不确定性指数（EPU）[①]作为控制变量，并重新对其进行回归估计。检验结

[①] 关于经济政策不确定性的测度，详见贝克等（Baker et al., 2016）。

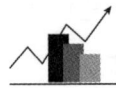

果（见表4-7）与表4-3结果基本保持一致，在一定程度上保证了实证结果的稳健性。

表4-7　　数字金融与企业投资（添加经济政策不确定性等控制变量后）

变量	(1)	(2)	(3)	(4)
$Invest_{-1}$	0.1002* (0.0526)	0.1671** (0.0802)	0.1426* (0.0807)	0.1192* (0.0680)
LR	-0.1303** (0.0589)	-0.1501* (0.0862)	-0.0039 (0.0136)	-0.0563* (0.0293)
$Cash$	0.0066 (0.0125)	0.0094* (0.0048)	0.0303* (0.0164)	0.0402* (0.0226)
DF			0.0043 (0.0029)	0.0079** (0.0035)
$DF \times LR$			-0.1263** (0.0592)	-0.0937** (0.0471)
$DF \times Cash$			-0.0236 (0.0324)	-0.0309*** (0.0105)
$Constant$	1.1037* (0.6175)	1.7812* (0.8346)	1.8213* (0.9726)	1.4703* (0.7934)
EUP	-0.0712* (0.0391)	-0.0709* (0.0375)	-0.0671 (0.0412)	-0.0611 (0.0428)
其他控制变量	是	是	是	是
个体效应	否	是	否	是
观测值	104315	104315	104315	104315
AR (1)	0.053	0.063	0.049	0.065
AR (2)	0.804	0.817	0.851	0.835
Hansen test	0.147	0.168	0.156	0.168

注：①***、**、*分别表示在1%、5%、10%的水平上显著；括号内为稳健标准误。
②AR (1) 和AR (2) 检验分别给出了模型残差项一阶差分的一阶和二阶自相关检验的P值；Hansen检验列出了工具变量过度识别的P值。

第四节 进一步分析

根据本书的研究逻辑，还需回答一个重要问题：数字金融与传统金融的关系问题。因为前面的理论逻辑表明，货币政策利率渠道的传导与效果，是与金融市场摩擦程度相关的，而传统金融发展也具有与数字金融类似的降低金融摩擦的功能（Levine，1997），那么，相对于传统金融，数字金融对于货币政策利率渠道的作用，是否具有独立的效应？还是说数字金融仅是传统金融的简单替代？直观的看，数字金融是一种不同于传统金融全新的金融形式，它在金融市场的信息生产和使用等方面，都运用了新技术，因此很可能有自己独立的效应。本部分通过实证来尝试探讨这一猜想。

一、研究设计

本书将用于识别数字金融独立效应的模型设定如下：

$$(IR_{t+1} - IR_t) = c' + \beta_1'(LR_t - IR_t) + \beta_2' DF_t \times (LR_t - IR_t) + \beta_3' DF_t$$
$$\beta_4' TF_t \times (LR_t - IR_t) + \beta_5' TF_t + \gamma_j' Z_t^j + u_t \quad (4-5)$$

$$Invest_{idt} = c' + \sum_{j=1}^{n} \beta_{1j}' Invest_{id,t-j} + \beta_2' LR_t + \beta_3' Cash_{it} + \beta_4' DF_{dt}$$
$$+ \beta_5' DF_{dt} \times LR_t + \beta_6' DF_{dt} \times Cash_{it} + \beta_7' TF_t + \beta_8' TF_t$$
$$\times LR_t + \beta_9' TF_t \times Cash_{it} + \delta_1' EI_t + \delta_2' SHA_{dt}$$
$$+ \gamma_j' Z_{it}^j + \mu_i' + \epsilon_{idt} \quad (4-6)$$

其中，TF 是反映传统金融发展的指标。根据已有研究，传统金融指标可通过金融深度、金融宽度和金融结构三个子指标予以体现（Levine，2002；陈雨露，2014；Ma & Lin，2016）。与这些研究类似，本书定义这

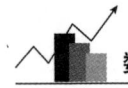

三个指标的测算公式如下：金融深度(TFD) = $M2/GDP$，金融宽度(TFW) = 私人部门信贷规模/社会融资总规模，金融结构(TFS) = (股票融资 + 债券融资)/银行贷款。

但是，本书的识别面临以下困难：三个传统金融发展子指标变化不仅是传统金融发展的结果，数字金融的发展也会影响它们的变化。为了解决这一问题，本书设计如下的检验思路：第一，本书判断数字金融对三个指标的影响大小排序是：$TFD > TFW > TFS$。原因是数字金融对支付和人们的持币偏好影响最大，而这会改变货币的需求函数，从而改变经济中货币存量；数字金融对中小微企业信贷也有较大影响，相对来说，它对证券市场结构影响是最小的（谢绚丽等，2018；黄益平和黄卓，2018）。第二，根据以上第一点的判断，如果数字金融具有独立的效应，那么式（4-5）中，当依次用 TFD、TFW 和 TFS 代替 TF 做回归时，β'_2 的估计系数应当是依次递减的；而在式（4-6）中，当依次用 TFD、TFW 和 TFS 代替 TF 做回归时，β'_5 和 β'_6 的估计系数应当是依次递减的。

二、实证结果分析

表4-8 和表4-9 分别给出了在式（4-5）和式（4-6）中使用不同传统金融发展指标的相关实证结果，由检验结果可得以下结论。第一，金融深度（TFD）对于数字金融发展与货币政策利率渠道两环节之间的关系均具有较为显著影响，这一结果似乎说明传统金融发展与数字金融发展在影响货币政策利率渠道方面存在一定程度的替代性，即数字金融并不具备较为独立的影响。具体来看，结合表4-8 和表4-9 中的实证结果，在控制了 TFD 的相关交互项后，交互项 $DF \times (LR - IR)$、$DF \times LR$ 和 $DF \times Cash$ 的系数估计结果发生了明显的改变，除了系数估计值的大小明

显降低之外,其显著性水平也均明显下降甚至不再显著。但是,由于前述中所提到的数字金融对于该指标具有较大程度的影响,该结果可能仅是由于指标识别方面的问题所导致的,因而关于数字金融作用的具体分析仍需结合其他两个传统金融发展子指标的实证结果。

表4-8 传统金融与数字金融的作用关系(利率期限结构环节)

变量	TFD (1)	TFW (2)	TFS (3)
LR-IR	0.5852*** (0.0715)	0.5528*** (0.0681)	0.5402*** (0.0627)
DF×(LR-IR)	0.0297* (0.0159)	0.0409** (0.0183)	0.0614*** (0.0207)
DF	0.0069** (0.0032)	0.0044*** (0.0009)	0.0059*** (0.0012)
TF×(LR-IR)	0.0847*** (0.0203)	0.0775*** (0.0181)	0.0738*** (0.0165)
TF	0.0115*** (0.0044)	0.0103*** (0.0019)	0.0081*** (0.0022)
Constant	-0.0311*** (0.0039)	-0.0395*** (0.0042)	-0.0417*** (0.0034)
控制变量	是	是	是
样本数量	48	48	48
Adj-R^2	0.409	0.411	0.411

注:***、**、*分别表示在1%、5%、10%的水平上显著;括号内为稳健标准误。

表4-9 传统金融与数字金融的作用关系(信贷市场质量环节)

变量	TFD (1)	TFW (2)	TFS (3)
$Invest_{-1}$	0.3228*** (0.0439)	0.2581*** (0.0485)	0.2572*** (0.0461)
LR	-0.0338** (0.0165)	-0.0253** (0.0114)	-0.0239** (0.0099)

续表

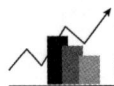

变量	TFD (1)	TFW (2)	TFS (3)
Cash	0.0268 ** (0.0129)	0.0220 ** (0.0107)	0.0259 ** (0.0125)
DF	0.0147 * (0.0086)	0.0131 ** (0.0054)	0.0124 ** (0.0061)
$DF \times LR$	-0.0337 (0.0285)	-0.0638 ** (0.0317)	-0.0718 ** (0.0314)
$DF \times Cash$	-0.2505 * (0.1311)	-0.3317 ** (0.1578)	-0.4008 ** (0.1829)
TF	0.1207 *** (0.0214)	0.1017 *** (0.0091)	0.1069 *** (0.0088)
$TF \times LR$	-0.8054 *** (0.1079)	-0.9085 *** (0.1002)	-0.9071 *** (0.1047)
$TF \times Cash$	-0.1772 *** (0.0421)	-0.1673 *** (0.0312)	-0.1928 *** (0.0351)
Constant	0.4007 *** (0.0327)	0.4135 *** (0.0419)	0.4208 *** (0.0321)
控制变量	是	是	是
个体效应	是	是	是
样本数量	104315	104315	104315
AR (1)	0.021	0.026	0.023
AR (2)	0.392	0.394	0.407
Hansen test	0.351	0.327	0.344

注：①***、**、*分别表示在1%、5%、10%的水平上显著；括号内为稳健标准误。②AR（1）和 AR（2）检验分别给出了模型残差项一阶差分的一阶和二阶自相关检验的 P 值；Hansen 检验列出了工具变量过度识别的 P 值。

第二，金融宽度（*TFW*）和金融结构（*TFS*）这两个子指标对于数字金融发展与货币政策利率渠道两环节之间的关系没有产生较为显著的影响，这一结果表明数字金融发展在影响货币政策利率渠道方面存在着较为独立的影响，其与传统金融之间更多是互补性的作用关系而非替代性的。具体来看，结合表4-8和表4-9中的实证结果，在控制了 TFW 和 TFS 的相关交互项后，交互项 $DF \times (LR-IR)$、$DF \times LR$ 和 $DF \times Cash$ 的系数估计结果仅发生了较小的改变。尤其是在控制 TFS 后，相关变量系数估计值的大小与显著性水平相较于表4-2和表4-3中的结果均无明显改变。结合这两个指标所受数字金融的影响大小差异性可知，金融深度之所以对于相关交互项的系数估计结果具有较为明显的影响，主要是因为该指标受到数字金融较大程度的独立影响，而非仅是替代传统金融的作用。以上检验结果表明，数字金融发展主要是通过利用新信息技术来深入推进金融市场化进程，而传统金融发展则主要是依赖制度改革，二者在相关金融市场中的作用并不相同，因而对于货币政策利率渠道在不同环节中的传导各有独特的影响。就近年来中国的实际发展情况来看，中国金融市场化进程的推进，主要是依靠技术创新来驱动的，这在一定程度上为科技创新助力中国金融"弯道超车"提供了证据支撑。

第五节　本章小结

数字金融的迅速兴起作为中国金融结构划时代变迁的重要特征，为克服利率传导障碍提供了重要机遇，本章基于利率期限结构与信贷市场质量双环节视角，实证研究了数字金融发展背景下货币政策利率传导渠道的构建和优化问题，主要结论如下。

第一，数字金融显著地提高了货币政策利率渠道传导效果，但数字金融对货币政策传导的三个机制的影响的显著性存在差异。实证结果显示，数字金融对货币政策利率渠道传导具有积极效应，数字金融的发展显著提高了利率预期期限结构理论在中国金融市场的适用性。但从企业投资敏感度来看，数字金融一方面强化了货币政策利率渠道的直接效应，企业投资对长期利率的变化更为敏感；另一方面弱化了货币政策利率渠道的间接效应，即数字金融发展提高了企业的信贷可获得性，弱化了企业投资对现金流的敏感度。

第二，进一步的分析表明，数字金融相对传统金融对利率渠道的影响具有显著的独立性。本书的拓展分析表明，数字金融对于利率渠道的效果提高具有独立的作用。这一结论背后的经济学动因，可能源自数字金融与传统金融变化发展内在推动因素的差异，以及在解决金融摩擦方面的技术路线不同。

本章的研究结论说明，畅通货币政策利率渠道传导，要通过渐进的改革和加强金融市场基础设施建设。在有效监管和风控的同时，通过扩大金融工具的创新品种和降低市场交易主体的进入门槛，有序推进货币市场和资本市场的建设，通过降低交易成本和构建更完备的契约来提高市场的质量。

另外，也需要从结构视域出发重视货币政策利率渠道的传导"介质"建设。完善和健全货币政策利率渠道首先要货币政策利率渠道的传导需要金融体系作为中介"介质"，而"介质"的特征与金融结构密切相关。当前我国的金融结构主要由数字金融和传统金融两大部分组成，数字金融已经并将在未来进一步的全面改变金融体系的构成和运行机制，因此货币政策利率渠道的健全，需特别注意这一结构变迁带来的战略机遇。基于我国的金融市场特征，从金融稳定和金融服务经济高质量发展角度出发，在鼓励数字金融公司发展的同时，应特别通过数据的跨部门共享和金融机构数字技术公共基础设施的投入，促进数字金融更快速赋能传统金融，提高利率渠道的传导效率。

本章主要从企业投资的角度论证数字金融对货币政策利率渠道传导

效果的影响效应和机理，但由于货币政策利率渠道的最终目标在于实现产出增加的战略目标，而产出的其中一个组成部分为居民消费。因此，下一章节将围绕数字金融通过货币政策利率渠道对居民消费传导效果的影响进行考察。

第五章
Chapter 5

数字金融对货币政策利率渠道关于居民消费传导的影响

货币政策利率渠道是指中央银行通过调整政策利率来影响市场利率，进而影响整体经济活动，包括了对投资和消费决策的影响（Christiano et al.，2005；Carlstrom et al.，2016）。数字金融对货币政策利率渠道在总量层面的影响，不仅需要检验其对企业投资的影响，还需要考虑其对家庭消费的影响。但是，理论上，根据生命周期—持久收入理论（life-cycle and permanent income theory，LC-PIH），由于利率对居民消费的影响包括了收入效应和替代效应，而收入效应和替代效应在某种程度上相互抵消，最终利率变化对消费的总体影响不明显或预测性不强，即利率对消费的影响呈现"产出之谜"的问题。现实中，首先从反应的敏感性方面，相较于消费，企业投资对利率的变化通常更为敏感，而对消费的影响相对较为分散且受到收入、偏好、期望等多重因素的影响；其次从经济周期的角度看，由于受到基本生活消费刚性的影响，因此企业投资的波动性大

第五章　数字金融对货币政策利率渠道关于居民消费传导的影响

于居民消费的波动性；再次从宏观经济政策的制定和调整角度来看，由于可以更直接地影响到经济增长的速度和就业情况，政策当局更关注于通过刺激或抑制企业投资来调节经济活动。而消费政策，尽管也是宏观经济政策的重要组成部分，但往往通过税收、政府补贴等手段来间接影响。所以，货币政策通过利率渠道对居民消费的影响不仅在理论上存在不确定性，在现实中无论是关注度还是重要性也不及企业投资。

所以，已有的关于货币政策利率渠道的研究基本集中于对企业投资的影响效应，极少关注对居民消费的作用。遵循学术研究目标的专注性和可行性原则，本书也主要关注数字金融对货币政策利率渠道关于企业投资的影响效应和作用机制。但考虑到数字金融的发展一方面提高了金融普惠性，也增强了支付便利性，另一方面也丰富了居民财富管理渠道，所以数字金融的发展对消费"产出之谜"可能存在一定程度影响，但总体效应并不确定。本章尝试按照货币政策利率渠道对中国居民消费是否存在"产出之谜"，而数字金融对"产出之谜"存在何种影响效应的研究思路，对数字金融关于货币政策利率渠道在总量层面存在何种影响从消费的角度进行一定范围的探讨，也以此完善本书的研究框架并探讨是否存在进一步提高货币政策利率渠道关于消费传导效果的政策举措。

第一节　问题的提出

根据新凯恩斯主义货币经济学理论，货币总量的增加会导致经济产出的增加，主要原因在于基于费雪恒等式，名义利率等于实际利率与预期通货膨胀率之和。而由于存在名义刚性，在货币政策冲击后，预期通货膨胀率的调整与名义利率的调整并不同步，因此实际利率发生变化，

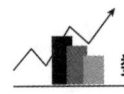

进而对消费和投资产生实际影响。然而，在现实中，货币总量与实际产出之间的关系可能并不总是那么直接或明显，以致出现"产出之谜"（Friedman & Kuttner，1992；Sims，1992；Gordon & Leeper，1994），即货币供应量的增加并不总是导致经济产出的相应增长，或者没有产生显著影响。而关于导致产出之谜的原因，目前尚无统一的观点。已有研究一方面认为可能存在技术原因，由于传统 VAR 模型包含的信息量不足，难以识别货币对产出的准确影响；另一方面也可能存在其他经济方面影响因素，如货币政策类型、银行信贷条件、消费者信心、通货膨胀预期等，由此对经济产出产生扰动。而消费作为产出的一部分，是否也存在"产出之谜"，目前极少有研究加以探讨，仅安杰洛尼（Angeloni et al.，2003）针对美国和欧洲的产出结构变化探讨货币政策转变的反应模式，发现在欧元区，投资是产出变化的主要驱动力，而在美国，消费变化的重要性要大得多。虽然其证据指向消费反应的差异，而不是投资，但对于造成消费差异的具体原因并没有得到解决。

关于金融创新对消费的影响，已有研究也存在较大的分歧。虽然文献普遍认为，金融发展可以更有效地分配资源，有利于消费者利用金融市场实现消费的跨期平滑，缓解消费者的流动性约束，提高当期消费水平（Campbell & Mankiw，1991；Levchenko，2005）。关于金融创新，格罗斯和苏莱勒斯（Gross & Souleles，2002）、樊纲和王小鲁（2004）、卡兰和津曼（Karlan & Zinman，2010）等大部分研究也认为信用卡普及率的提高或额度的提升可以增加居民消费，一定程度上说明金融创新可以缓解流动性约束。但是，关于数字金融对居民消费的相关研究极少，而关于数字金融对货币政策利率渠道关于消费传导的影响更为罕见。关于数字金融对居民消费的研究，易行健和周利（2018）认为数字普惠金融可以缓解融资约束和便利居民支付，进而促进居民消费。但张勋等（2020）则研究认为，数字金融主要通过提升支付便利性促进来居民消费，流动性约束的放松并不是数字金融提升居民消费的主要路径。赵亚雄和王修华（2022）通过城乡异质性分析发现，虽然数字金融具有普惠性和包容性，但是对于农村家庭金融可得性的正向效应小于城市家庭，其对提高农村家庭高风险金融资产配置的作用更为明显。而关于数字金融对货币政策利率渠道关于消费影响的研究，据作者检索，仅尹振涛等（2023）利用头部助贷机构的数字消费信贷微观数据，发现数字化背景下货币政策利率能够有效传导至数字消费信贷市场，但其主要关注短期利率和长期利率的传导，并非对最终消费的影响。可见，数字金融是否有利于缓解流动性约束，提高居民消费，当前观点并不统一。而在当前国内外政治经济形势错综复杂的情况下，作为拉动经济增长的"三驾马车"之一，提高消费需求对于稳定我国经济增长极为重要，而增强货币政策利率渠道促进消费的效果，对于缓解我国疫情后期经济面临的"三重压力"也具有至关重要的政策意义。

第二节 数字金融发展与居民消费变化的基本事实

一、中国货币政策立场与居民消费

图 5-1 为 2010~2021 年我国货币政策相关指标与居民消费的变化趋势。其中 M2 代表货币供给量的变化，$SHIBOR$ 代表市场短期利率的变化，从图 5-1 中可以看出，居民消费总额代表居民消费的总量变化，居民消费率为居民消费在名义总产出之中的比重，代表居民消费的结构变化。由图 5-1 中可以看出，居民消费总额与货币供给量都呈现稳定上升的态势，但居民消费率在 2012~2017 年间稳步上升后呈现较为明显的下降趋

势，说明 2017 年后居民消费率并没有随着供给量的上升而增长，一定程度上说明随着货币供给量的增加，产出随之上升，但相对于投资，消费的上升幅度较小，产出结构发生了变化。另外，SHIBOR 的走势在 2018 年之前基本与居民消费率呈反向变化，但在 2018 年后，则呈现同步下降的趋势，直观上说明政策利率并没有对消费产生显著的影响。

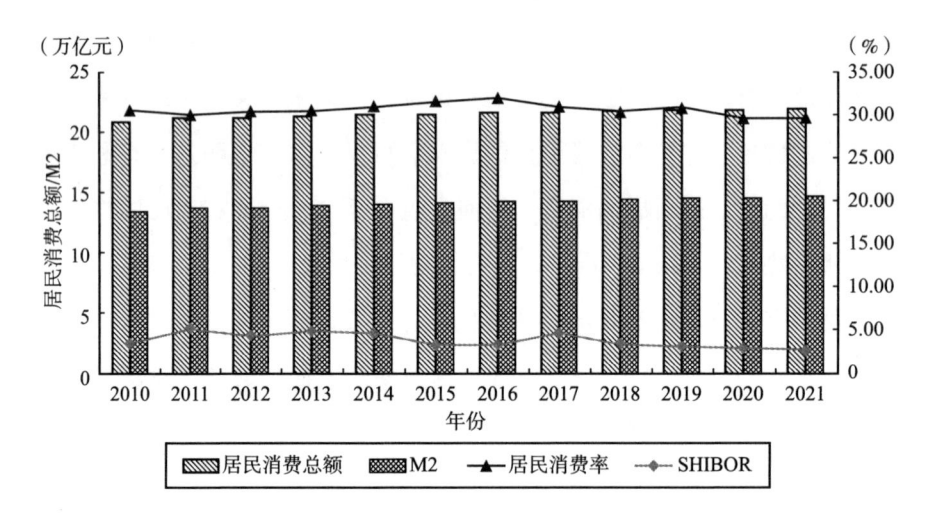

图 5－1 货币政策指标与居民消费指标变动

资料来源：Wind 数据库。

二、数字金融发展与居民消费

图 5－2 为 2011~2021 年数字金融发展和居民消费率变化趋势，可以看出 2010~2021 年，数字金融呈现稳定上升的发展趋势，但居民消费率自 2016 年后便发生了转折，虽然在 2019 年有小幅回升，但总体上依然呈现不断下降的态势。直观上说明数字金融的发展与居民消费之间的关系并不确定，其中的原因可能与经济周期相关，也可能是数字金融对居民消费产生的收入效应与替代效应，两者对消费产生相反的作用效应，并在不同时期强弱程度不同相关。

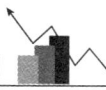

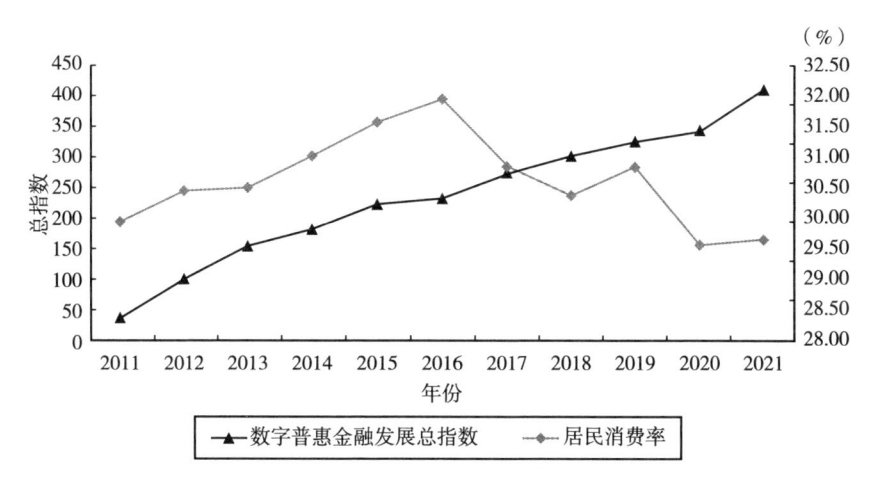

第五章　数字金融对货币政策利率渠道关于居民消费传导的影响

图 5-2　数字金融总体发展指数与居民消费变化趋势

资料来源：Wind 数据库。

图 5-3 为数字金融发展不同维度子指标和居民消费占可支配收入比例的变化趋势，可以看出，在可得的指数区间内，数字金融的投资指数与居民消费占比呈反向变化，直观上符合理论层面数字金融背景下金融资产种类增多，交易成本下降，进而对居民消费产生替代效应的作用机制。但同时，本书也可以发现信贷指数在整个样本区间内，也与居民消费占比呈反向变化，一定程度上说明，数字金融并没有通过缓解居民流

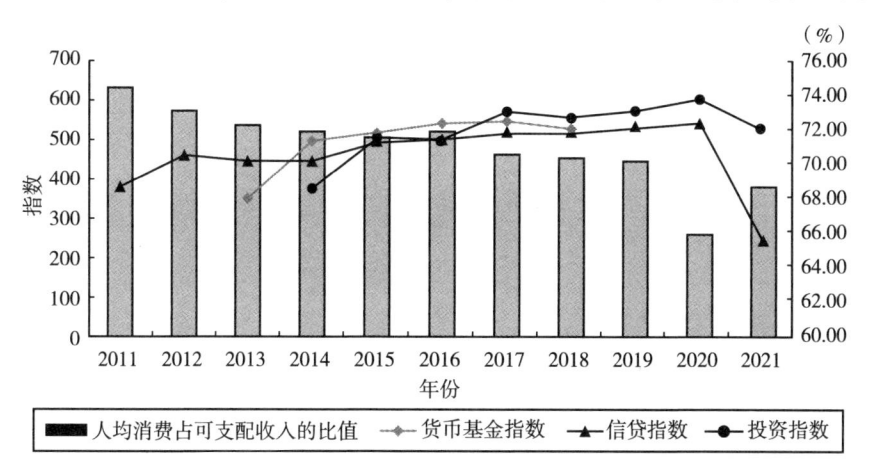

图 5-3　数字金融不同维度的发展趋势与居民消费占比变化

资料来源：Wind 数据库。

动性约束，以此对消费产生促进作用。最后，对于货币基金指数，本书可以发现其在 2016 年后，与其他两项指数变化趋势不同，总体上变化趋势与居民消费占比的变化逐步趋同，可能的原因在于数字化货币基金作为中国数字金融发展的重要组成部分，由于其流动性和收益性兼具，对于居民消费起到了一定程度的促进作用。

这两幅图显示的趋势变化也说明，数字金融对居民消费的影响因数字金融具体表现形式的不同，而对居民消费具有不同的作用效应，数字金融对居民消费的总体影响效应并无定论，因此数字金融可能也难以对货币政策利率渠道对消费传导产生显著影响。

第三节 数字金融影响货币政策利率渠道对消费传导效果的理论分析

一、货币政策通过利率渠道对消费的影响

对于居民消费，货币政策利率渠道是指中央银行通过变动名义政策利率（包括基准利率、再贴现率等），进而对市场长短期利率产生影响，最终作用于居民消费决策的过程。具体而言，主要包括以下几个路径：一是借贷成本路径。中央银行调整政策利率后对市场长短期利率的影响，将作用于消费者的借贷成本，如当中央银行降低利率时，对于借款消费者而言，消费者的贷款成本下降，从而激励消费者增加消费（尤其是大宗消费），同时降低储蓄的吸引力，产生替代效应。二是财富路径。政策利率的变化同时作用于资产价格，如股票和房地产等，利率的下降将导致资产价格上升，消费者感知财富增加，从而可能增加消费支出，产生财富效应。三是收入路径。利率下降虽然可能导致资产价格上升，但同

时也可能降低居民固定收益类资产的利息收入,如货币市场基金、债券、储蓄账户和定期存款等,从而导致居民收入下降,进而降低居民消费支出,产生收入效应。所以,总体上看,居民消费受到多重路径的影响,导致中央银行降低利率之后,预期中应该出现的经济回升,价格提高等反应并不明显,甚至出现相反的情况。这种现象与传统的货币政策理论预期不符,即货币政策通过利率渠道对消费的影响效应并不确定,从而产生"产出之谜"或"价格之谜"(Sims,1992;Gordon & Leeper,1994)。

此外,对于中国而言,作为发展中国家,由于利率市场化改革仍需持续深化,加上中国居民具有较强的储蓄倾向,相对于发达国家而言,居民对于政策利率敏感性更低(Taylor,1993;Woodford,2003)。所以,虽然随着利率市场化改革的推进,中国金融市场不断深化,居民对于利率的敏感性不断增强,但总体上消费者的消费决策可能更多受到收入、预期和文化等因素的影响。综合以上两方面分析,本书认为,货币政策通过利率渠道对居民消费依然存在"产出之谜"的问题。

二、数字金融对货币政策利率渠道关于消费传导的影响

相对于传统金融,数字金融作为一种全新的金融业态形式,一方面极大地提升消费支付的便利性,大幅降低了信息获取成本,扩大了金融服务覆盖面,另一方面也为居民提供了更多样化的金融资产选择,丰富了家庭金融资产结构优化的渠道,有利于提高家庭理财资产收益率。根据生命周期—持久性收入理论,数字金融的运用一是可以大幅扩大居民的理财产品选择范围,似乎更有助于优化资产投资组合,提高家庭资产收益率,进而增加消费;二是数字金融更有利于解决信息不对称问题,扩大居民的融资渠道,缓解可能面临的流动性约束,降低预防性储蓄,进而提高消费水平(尹振涛等,2023;谢家智和吴静茹,2020;易行健

和周利，2018）。

但是，数字金融是否能够提高货币政策利率渠道对消费的传导效果，弱化"产出之谜"，依然存在明显的不确定性。一方面中国家庭不存在负债消费的传统，已有研究也表明数字金融没有通过流动性约束渠道对居民消费产生影响（张勋等，2020），因此数字金融通过缓解流动性约束影响货币政策利率渠道传导的机制可能并不存在。另一方面，由于数字金融可以为居民提供更丰富的资产组合优化路径，分散投资风险，提高资产收益率，居民可能因此增加理财资产投资而减少消费，也可能因资产收入的提高而产生财富效应，提高消费。因此，虽然数字金融的发展极大地提高了信息的处理能力，提高了利率传导效率，但是否最终有利于提高居民消费水平，弱化"产出之谜"，仍存在较大的不确定性。根据以上分析，本书认为，虽然数字金融在一定程度上可能提高货币政策通过利率渠道对消费的传导效果，但依然难以完全消除"产出之谜"的问题，即数字金融对于货币政策利率渠道关于消费传导的影响仍是不显著的。

第四节　实证研究设计

一、货币政策利率渠道对居民消费影响的模型设定

根据已有文献，导致货币政策产生"产出之谜"的原因，可能因向量自回归中的变量并没有涵盖央行的所有潜在信息集，如没有加入导致通货膨胀的前瞻性变量等，或向量自回归残差之间的相关性而导致的（Sims，1992）。因此，分析货币政策利率渠道对居民消费是否存在产出之谜，首先要排除"产出之谜"是否因技术问题而导致，即判断是否在变量选择，模型识别策略，数据处理方法等模型设定方面存在问题。据

此，本部分首先构建结构向量自回归（SVAR）模型，对货币政策利率渠道对消费的影响进行脉冲响应分析，并对模型的序列相关性，异方差性和正态性进行检验。模型简约式设定如下：

$$A_0 Y_t = \alpha + \sum_{k=1}^{l} A_k Y_{t-k} + \varepsilon_t \qquad (5-1)$$

其中，A_0 为常数项向量，A_k 为系数矩阵，Y_t 包括政策利率 IR 和存款利率 DR 的代理变量，居民消费总额的对数（$\ln COM$），以及通货膨胀率（π），失业率（$unemploy$）等宏观经济变量。首先，对矩阵识别问题，与前面分析一致，本部分根据政策冲击与其他变量之间的时序关系，对 A 施加短期约束（Bernanke & Mihov, 1998）。具体地，本书通过对 Y 中包含的价格、产出、政策三大模块之间的短期时序关系进行约束：一是按照一般认为的货币经济学的典型事实，产出的变动先于价格（Handa, 2000），因此将消费 $\ln COM$ 置于 π 之前；二是政策制定所依据的信息是当期的，但政策影响是存在时滞的，因此将 IR 和 DR 放至最后，并根据利率传导顺序，将 IR 置于 DR 之前。对于 VAR 系统中其他变量的排序，本书做如下假定：政策当局根据本期的通胀（π），消费（$\ln COM$），和失业率（$unemploy$）制订本期政策利率（IR），因此模型变量排序为 π，$\ln COM$，$umemploy$，IR，DR。

为避免欠拟合或过拟合问题，模型使用信息准则（如 AIC、BIC）选择合适的滞后阶数，最后，对所有数据进行 Census X-12 季节调整，对非平稳变量已进行差分处理，确保所有变量通过单位根检验。此外，考虑到 2008 年外部冲击经济结构变化对模型估计效果的影响，以及数字金融指标可能性，本书采用 2011~2021 年度季度频率样本数据进行检验。

二、数字金融对货币政策利率渠道关于居民消费影响的模型设定

为进一步识别数字金融对货币政策利率渠道关于消费"产出之谜"

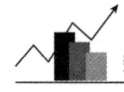

的影响，本部分将在标准 VAR 模型基础上，引入数字金融变量构建 IVAR 模型，通过比较两个 VAR 模型的脉冲响应差异，识别数字金融对政策利率及消费传导的影响。拓展 IVAR 模型构建如下：

$$A_0 Y_t = \alpha + \beta DF_t + \sum_{k=1}^{l} A_k Y_{t-k} + U_t \qquad (5-2)$$

$$U_t = CX_t + \sum_{k=1}^{l} B_k X_t Y_{t-k} + u_t, X_t = DF_t \qquad (5-3)$$

其中，DF 为数字金融代理变量，与企业不同，此处采用北京大学普惠数字金融指数（2011~2021）作为衡量指标。其余变量选择与前面一致，IR 为 7 天期银行间同业拆借利率，DR 为一年期定期存款利率。B_k 为交互项系数矩阵。如果数字金融（DF）影响了政策利率对消费的传导效果，那么通过观察数字金融不同发展水平下，政策利率（IR）冲击对消费（$\ln COM$）的影响进行识别，如果数字金融显著影响了货币政策利率渠道对消费的影响，那么加入数字金融变量 DF 后的脉冲响应结果应显著异于 0。

第五节　实证结果分析

一、货币政策利率渠道对居民消费影响的实证结果

图 5-4（a）和（b）分别为政策利率 IR 和存款利率 DR 对居民消费的脉冲响应结果，由结果可见，货币政策利率渠道对居民消费存在"产出之谜"的现象。其中图 5-4（a）中政策利率对居民消费的脉冲响应结果显示，在一单位政策短期利率 IR 冲击下，居民消费出现正向脉冲响应，并在第 2 期达到最大值 0.008，但同时脉冲响应 95% 的置信区间包含 0 值线，说明脉冲响应结果并不显著异于 0。图 5-4（b）中存款利率对居民

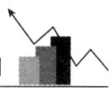

消费的脉冲响应结果则显示，一单位存款利率冲击下，居民消费依然呈现正向的脉冲响应结果，也不显著异于0，但脉冲响应强度有所下降，说明虽然存款利率的变动并没有对居民消费产生预期的反向作用，但依然存在"产出之谜"的情况，但相对政策利率而言，传导效果对理论预期的偏离程度较小。

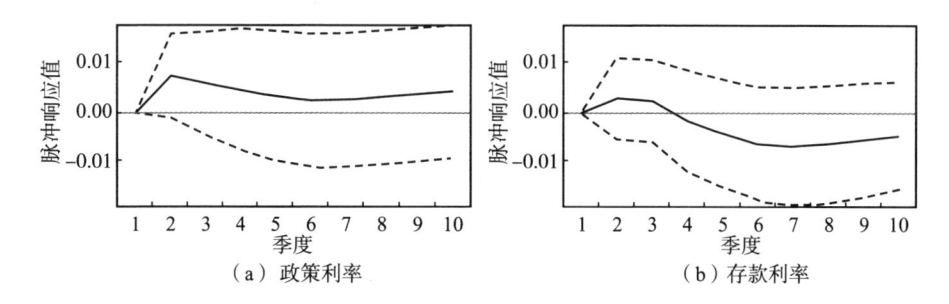

(a) 政策利率

(b) 存款利率

图 5-4　关于基准 SVAR 模型的检验结果

此外，关于残差是否存在序列相关的 Breusch-Godfrey LM 检验、关于 Jarque-Bera 正态性检验，以及关于异方差性的 White 检验结果（见表 5-1）显示，模型设定不存在残差自相关问题，并且模型残差的方差服从正态分布，不随时间而变化，说明此结果不存在模型设定导致的技术问题。

表 5-1　　　　　　　　　　模型设定检验结果

回归残差 (ε_t)	序列相关性检验	分布正态性检验	异方差性检验
	H0：ε_t 不存在自相关 H1：ε_t 存在自相关	H0：ε_t 符合正态分布 H1：ε_t 不符合正态分布	H0：ε_t 不存在异方差 H1：ε_t 存在异方差
检验方法	LM statistic	Jarque-Bera statistic	White test
统计值 （P值）	5.632 (0.852)	0.282 (0.869)	1.406 (0.265)

注：***、**、* 分别表示对应统计量在1%、5%、10%的水平上显著。

以上检验结果说明政策利率的上升没有导致居民消费的显著上升，但货币政策对居民消费存在"产出之谜"的现象，并且此"产出之谜"并非因技术问题而产生，此结果意味着政策利率的调整没有对消费产生

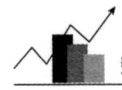

预期效果，其原因可能在于市场制度不完善影响了利率传导的效果，或经济发生结构性变化对消费行为的影响等问题导致的，也可能在于消费对于利率的反应不仅存在跨期替代效应，也存在收入效应，由此导致存款利率对于消费总体上并没有形成显著的影响。

二、数字金融对货币政策利率渠道关于居民消费影响的实证结果

图 5-5 为加入数字金融后短期政策利率和存款利率对居民消费的脉冲效应结果。由结果可见，数字金融的发展弱化了货币政策利率渠道对居民消费的"产出之谜"。由图 5-5 可以看出，引入数字金融变量后，政策短期利率和存款利率单变量对居民消费的脉冲响应呈现出"产出之谜"被弱化的现象，其中，短期政策利率对居民消费产生显著的正向作用，居民消费在一单位政策利率冲击下产生正的脉冲响应，但相对于没有加入 DE 变量时，消费转向为负的速度明显加快。即消费对存款利率的脉冲效应不显著，但相对图 5-5 引入 DE 之前而言，消费出现一定程度的负向反应。以上结果说明虽然数字金融的发展没有完全消除货币政策对消费的"产出之谜"，但也起到了一定程度的弱化作用。

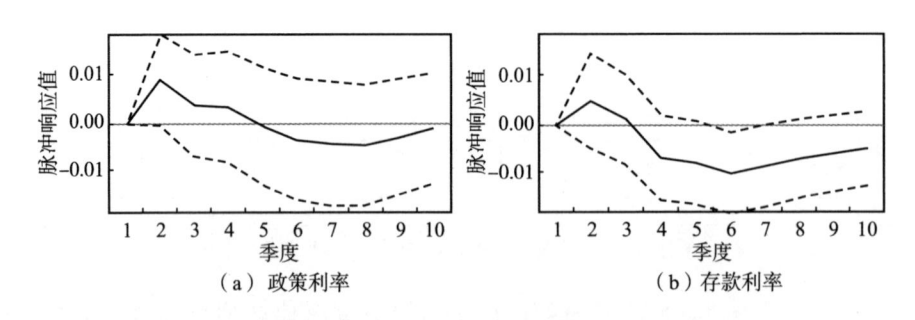

(a) 政策利率

(b) 存款利率

图 5-5 加入数字金融后消费对利率的脉冲响应

此结果说明，数字金融确实弱化了货币政策对消费的"产出之谜"，

其中的原因一方面在于数字金融降低了信息获取和处理成本,提高了利率传导效率,进而强化了货币政策利率渠道对消费的影响,但从图5-5中可见,数字金融并没有完全消除消费的"产出之谜"现象,其中的原因可能在于利率对于消费产生的收入效应和替代效应相互抵消,另一方面也可能在于中国利率市场化改革并没有全面完成,由于制度不完善导致的市场分割,阻碍了货币政策利率对消费的传导效率,而数字金融作为数字化技术,虽然有助于提高政策利率传导效率,并不能完全替代制度创新的积极影响。

第六节 稳健性检验

一、替换核心解释变量测度指标

以上模型中数字金融变量采用了北京大学普惠数字金融指数(郭峰等,2020)作为衡量数字金融发展指标,考虑与前面货币政策利率渠道对投资的影响部分检验相对应,此部分采用商业银行数字化转型指数作为代理变量,对式(5-2)的结果重新进行检验。检验结果如图5-6所示,脉冲响应与基准回归结论基本保持一致,结果保持稳健。

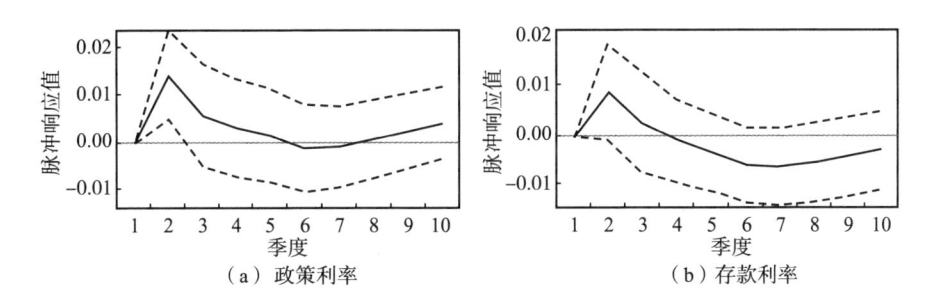

图5-6 替换核心解释变量后的稳健性检验结果

二、替换研究方法

虽然 VAR 模型主要基于数据驱动，缺乏经济理论的指导，虽可用于分析变量之间的动态关系，但对于变量间的因果关系无法加以有效的识别。因此采用 VAR 模型对机制进行识别，依赖于正确的变量顺序和模型识别策略（如 Cholesky 分解的顺序），这对于得到有意义的结果至关重要。此外，采用宏观时序数据需要保证数据的平稳性，而采用差分方法处理非平稳数据存在长期信息损失的问题。不过，如果采用微观面板数据进行分析，虽然可以更准确地识别数字金融的影响，但由于居民消费的微观面板数据来自家庭金融调查数据库（China household financial survey，CHFS），而此数据库更新频率低，目前仅有 2011 年、2013 年、2015 年、2017 年和 2019 年五期的年度数据，难以对货币政策这一短期政策冲击的作用进行有效的识别。但考虑到 VAR 模型在因果识别方面的不足，为保证检验结果的准确性，在此采用微观面板数据，通过验证数字金融发展导致的消费对名义利率敏感性的变化，估计数字金融对货币政策利率渠道关于消费的影响。根据 Fisher 恒等式以及生命周期—持久收入假设，参考坎贝尔和曼昆（Campbell & Mankiw，1991）的相关设定，家庭跨期消费决策模型构建如下：

$$\ln C_{idt} = \alpha_0 + \alpha_1 DR_t + \alpha_2 \ln Y_{it} + \alpha_3 \ln NA_{it} + \alpha_4 DF_{dt} + \theta DF_{dt} \times DR_t \\ + \sum_{j=1}^{J} \delta_j Controls_t^j + \mu_i + \epsilon_{idt} \qquad (5-4)$$

其中，i、d、t 分别表示个体、地区和年份。$\ln C_t$ 表示家庭当期消费，DR 为名义利率，$\ln Y$ 为居民家庭总收入的对数，$\ln NA$ 为家庭总资产的对数，$Controls$ 为影响居民消费增长的其他控制变量，包括婚姻状况，年龄、性别、户口、教育水平、是否使用互联网等微观层面变量以及地区 GDP 宏观层面控制变量。相关变量定义如表 5-2 所示。

表 5-2　　　　　　　　居民消费模型的变量定义

变量		符号	变量定义与衡量方法
核心变量	居民消费变化率	$\ln C$	家庭当期消费总支出的对数
	名义存款利率	DR	一年期定期储蓄存款利率
	家庭总收入	$\ln Y$	家庭总收入的对数
	家庭净资产	$\ln NA$	家庭净资产的对数
微观控制变量	年龄	Age	居民年龄
	性别	$Gender$	男性赋值为1，女性赋值为0
	户口	$Urban$	城镇赋值为1，否则为0
	婚姻状况	$Marry$	已婚赋值为1，否则为0
	是否使用互联网	$Inter$	有使用则赋值为1，否则为0
	教育水平	EDU	大学本科以下为0，大学本科以上为1
宏观控制变量	产出增长率	ΔGDP	家庭所在省份 GDP 同比增长率

变量的描述性统计情况如表 5-3 所示。

表 5-3　　　　　　居民消费模型变量描述性统计

符号	观测值	平均值	标准差	最大值	最小值
$\ln C$	50585	9.453	2.791	15.902	7.874
DR	50585	2.281	0.835	4.140	1.500
$\ln Y$	50585	10.237	1.967	16.311	6.569
$\ln NA$	50585	12.492	1.691	17.217	0.000
Age	50585	46.223	17.688	113.000	0.000
$Gender$	50585	0.595	0.491	1.000	0.000
$Urban$	50585	0.602	0.490	1.000	0.000
$Marry$	50585	0.774	0.418	1.000	0.000
$Inter$	50585	0.520	0.500	1.000	0.000
EDU	50585	0.093	0.290	1.000	0.000
ΔGDP	50585	9.831	9.872	11.719	6.825

如果货币政策利率渠道对消费的影响存在"产出之谜"，那么系数 α_1 应为正，或不显著，加入 DF 变量后，交互项的系数 θ 应显著大于0。稳健性检验结果如表 5-4 所示。由结果可见，数字金融弱化了货币政策利

率渠道对消费的"产出之谜",一定程度上支持了 VAR 模型的回归结果。

表5-4　　　　　数字金融对名义利率关于消费的影响

变量	被解释变量：lnC		
	(1)	(2)	(3)
DR	-0.3086 (0.4302)	-0.0234 (0.1302)	-0.0214 (0.1438)
lnY	0.0289*** (0.0013)	0.0279*** (0.0021)	0.0218*** (0.0016)
$lnNA$	0.0147*** (0.0016)	0.0144*** (0.0011)	0.0137*** (0.0013)
DF		-0.2331 (0.8195)	-0.2216 (0.7193)
$DF \times DR$			0.1423 (0.2187)
Constant	0.3294*** (0.0668)	0.3248*** (0.0668)	0.3218*** (0.0525)
控制变量	是	是	是
个体效应	是	是	是
样本量	50582	50582	50582
Adj-R^2	0.525	0.553	0.620

三、排除其他替代解释

考虑到货币政策利率渠道对消费的"产出之谜"可能在不同的货币政策立场存在非对称性,在此根据货币政策立场差异,对基准回归的样本进行分阶段分析。具体的,将总产出 GDP 的对数进行 HP 滤波处理去除趋势值,并从中提取波动部分,结合经济和政策冲击对经济周期波动进行阶段划分(见图 5-7),然后根据本部分分析样本区间,选取经济波动的代表性时段进行 VAR 模型检验,其中经济上升期以 2016Q1~2018Q1

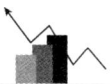

第五章　数字金融对货币政策利率渠道关于居民消费传导的影响

为样本期，经济衰退期以 2011Q1~2016Q1 为样本期。

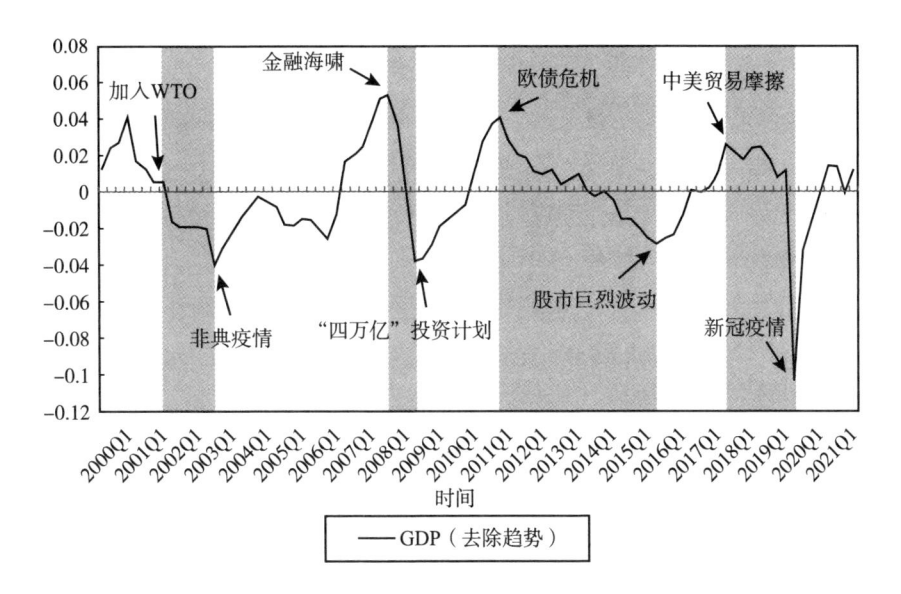

图 5-7　总产出的周期波动划分

检验结果显示（见图 5-8），无论是上升期还是下降期，货币政策利率渠道对消费都存在"产出之谜"，但相对而言，在经济衰退期，消费的"产出之谜"更为明显，数字金融的作用也更弱，而在上升期数字金融对于"产出之谜"的弱化效应要强于下降期，这或许也说明，公众对未来的预期是影响货币政策效果的重要因素，而技术发展只能起到一定程度的辅助作用。

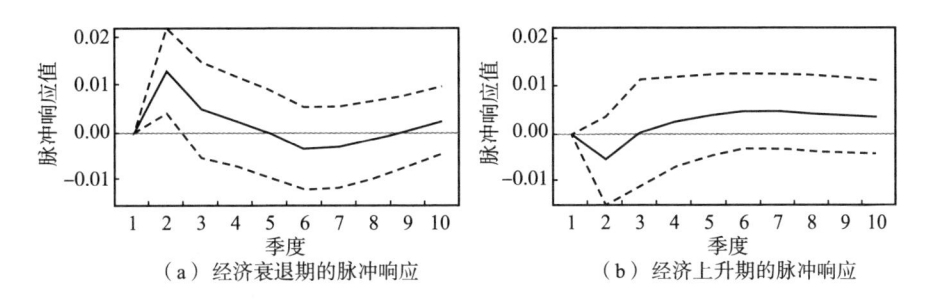

（a）经济衰退期的脉冲响应　　（b）经济上升期的脉冲响应

图 5-8　不同周期波动阶段的脉冲响应

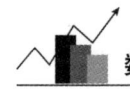

第七节　进一步分析

由于货币政策利率渠道的传导与金融市场化水平密切相关，而中国金融市场化水平并不完善，因特殊制度因素导致经济存在非瓦尔拉斯特征，比如存在市场不完全竞争导致垄断部门（如银行机构）对政策利率反应不足，以及金融市场不完善问题导致的金融摩擦等，以上问题都可能导致消费对于利率的反应存在"产出之谜"的现象。那么，中国居民消费存在的"产出之谜"是否会因金融市场化程度的上升而改善，而数字金融作为技术创新，其对于"产出之谜"的作用是否能够疏通制度因素对传导的阻滞，研究此问题对于协调技术进步与制度发展具有重要意义。有鉴于此，本部分将基于中国利率市场化改革的不同阶段，对消费的"产出之谜"和数字金融对"产出之谜"的影响效应在不同阶段的差异进行探讨，以此考察金融市场化改革的影响。

根据中国的利率市场化改革进程，本书将利率市场化改革分为四个阶段：第一个阶段为 1993~2006 年，主要包括放开货币市场和银行间债券市场利率，以及逐步放开外币存贷款利率，至 2004 年，金融机构人民币贷款利率上限完全放开；第二个阶段为 2007~2010 年，受金融危机外部冲击以及国内经济增长下行等内部因素影响，利率市场化改革暂时停滞；第三个阶段为 2012~2014 年，此阶段中国扩大了存贷款利率波动幅度的限制，包括放宽金融机构存款利率浮动区间的上限和贷款利率浮动的下限，至 2013 年完全取消了对于金融机构贷款利率下限的限制；第四个阶段为 2015 年至今。主要基于 2015 年 10 月中国央行取消了存款利率管制，并于 2019 年 8 月推出贷款市场报价利率（LPR）改革。

结合样本时期选择，本书对 2012~2014 年，2015~2021 年分别对短

第五章　数字金融对货币政策利率渠道关于居民消费传导的影响

期政策利率对消费的影响进行脉冲响应分析，以此观察"产出之谜"及数字金融影响的变化。图5-9的脉冲响应结果显示，随着利率市场化改革的推进，货币政策利率渠道对消费的"产出之谜"被逐步弱化，消费的脉冲响应逐渐由正向转负向，更加符合理论预期。

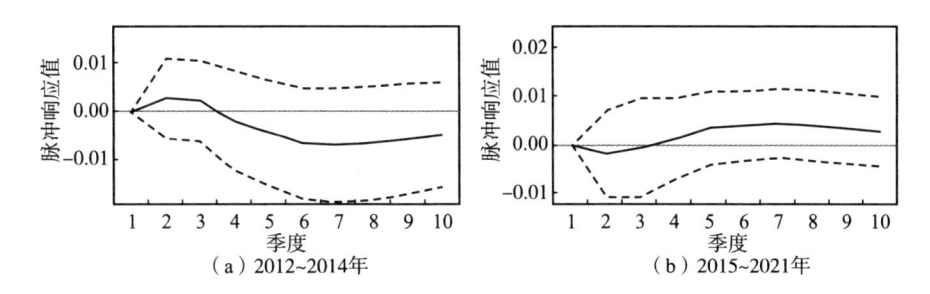

图5-9　利率市场化改革不同阶段消费"产出之谜"的变化

而由图5-10可见，数字金融弱化"产出之谜"的作用变化随利率市场化的推进，显著性有所提升，一定程度上说明技术的进步虽然可以强化货币政策利率渠道的效果，但其作用效应不仅与技术发展程度有关系，也与制度改革有关，并且不能替代制度改革的作用。

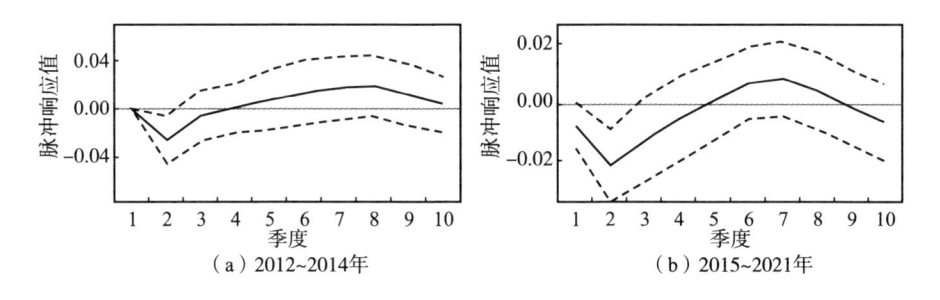

图5-10　利率市场化改革不同阶段数字金融条件下消费"产出之谜"的变化

第八节　本章小结

本章主要围绕数字金融对货币政策利率渠道对消费传导的影响效应

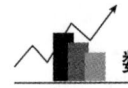

展开研究，以此回答中国货币政策是否对消费也存在"产出之谜"，以及数字金融作为全新的金融业态创新，是否能弱化消费"产出之谜"的问题。首先，对中国货币政策与居民消费的变化，以及数字金融发展与居民消费的关系进行基本事实分析，通过描述性统计发现货币政策通过利率渠道对消费的传导存在一定程度的"产出之谜"，并且数字金融与居民消费之间并不存在线性相关关系，而通过对数字金融进行细分后发现，货币基金指数相对于信贷指数和投资指数，与人均消费占比的走势更为一致。其次，本书对其中的理论机理进行了分析，并采用SVAR模型对影响效应进行检验，结果发现货币政策通过利率渠道对消费的传导确实存在"产出之谜"，通过统计检验也确认出现"产出之谜"的原因并非因技术问题而导致的。进一步地，通过IVAR模型，研究还发现数字金融可以在一定程度上弱化消费的"产出之谜"，但此弱化效果与并不能完全消除"产出之谜"的现象，其中的原因可能在于金融市场化因素的制约，以及财富效应和替代效应对于消费的相反作用而导致的。最后，基于利率市场化水平进行分阶段VAR模型检验后发现，金融市场化因素确实是导致货币政策利率渠道对消费的传导存在"产出之谜"的重要原因，而数字金融作为技术创新，虽然具有较为明显的弱化作用，但也不能完全弥补金融市场化程度不足等制度性因素的对货币政策传导产生的负向影响，即数字金融背景下，货币政策通过利率渠道对消费的传导效应并不显著，依然存在"产出之谜"。

本章研究结果也说明，居民消费无论在理论上还是现实中，货币政策利率渠道传导效果都不显著，而数字金融的发展虽然在一定程度上提高了货币政策利率渠道对居民消费的传导效果，但依然是不显著的。以上结论也印证了数字金融对货币政策利率渠道的影响主要是通过作用于企业投资实现的，居民消费无论在理论层面还是现实层面，都不是货币政策利率渠道的主要作用对象，其中的原因可能在于金融市场化程度的制约以及经济波动周期的影响。那么,如何在数字金融背景下进一步提升货币政策利率渠道传导效果?针对以上问题,本书接下来将围绕企业异质、信息异质和银行异质的视角,对数字金融背景下利率渠道的效应差异和机理路径进行拓展分析,从中进一步梳理提升货币政策利率渠道传导的政策和方法。

第六章
Chapter 6

异质企业视角下数字金融对货币政策利率渠道影响的结构效应

以上章节主要从总量层面上,包括企业投资和居民消费两方面,探讨了数字金融影响货币政策利率渠道的总量效应和机理。本章开始将围绕研究主题,从作用对象、作用主体、作用中介三方面针对异质效应展开探讨。首先,本章将基于利率渠道的主要作用对象:企业的特征差异,对影响效果进行拓展分析。原因在于,许多研究发现,总量货币政策的冲击对异质性主体的影响是存在差异的,这意味着总量货币政策冲击或许具有结构效应(Auclert, 2019; Maggio et al., 2017; Hurst et al., 2016; Jansen et al., 2013)。对于主要作用对象企业而言,因为分散风险能力差,中小企业在负向冲击中所受的影响往往更大,这种结构效应中,受损更多的是经济中的弱势群体,这意味着总量货币政策的冲击可能加剧经济的非均衡性。那么,数字金融是否有助于缓解此种结构扭曲,即更大程度提高货币政策利率渠道对中小企业的传导效果?对此问题,本章拟从企业异质的视角探讨数字金融对利率渠道传导可能存在的结构效应和作用机制。

第一节　问题的提出

理论上，由于数字金融对金融市场摩擦问题的解决具有不同于传统金融的优势，而利率价格信号作用的发挥与金融摩擦密切相关，因此数字金融为实现构建现代货币政策利率传导机制的"十四五"规划目标提供了新的机遇。然而，根据信贷配给理论以及数字金融对不同类型企业信贷市场摩擦影响存在差异性的机制解释，数字金融对货币政策利率渠道的影响对于不同类型企业可能具有不同的含义：首先，根据信贷配给理论，无论大小企业，虽然都面临信贷配给问题，但是由于大企业抵押能力强，因此它们的信贷供给曲线在小企业曲线之上，这说明利率变化对二者均衡贷款量的边际影响是有差异的。其次，由于可以利用大数据等新技术，数字金融被认为对小企业信贷市场条件的边际改善要强于大企业（Beck et al., 2018），这意味着数字金融发展会进一步改变两类企业信贷供给曲线的相对位置与形态。这两个特征的结合表明，由于数字金融扩大了大小企业的信贷供给曲线差异，那么，当货币政策调整利率时，政策利率变动引起的两类企业的均衡贷款量就会发生更大的变化。也就是说，在数字金融背景之下，货币政策冲击通过利率传导渠道可能产生如前所说的结构效应，而且这一效应很可能不同于传统金融结构的情形。本章节将尝试对上述思想做一个相对规范的理论解释，并利用中国的数据对理论推演的假设进行实证检验。

第二节 理论分析与假设提出

一、企业异质对货币政策利率渠道的影响

借鉴斯蒂格利茨和韦斯（Stiglitze & Weiss, 1981）以及格特勒和卡拉迪（Gertler & Karadi, 2011）的理论分析思路，本部分构建了一个货币政策利率渠道在银企信贷市场中传导的理论模型。首先，模型的前提假定如下：（1）企业的外部融资来源仅为银行；（2）企业投资项目需要的资金额为 K 而所拥有的自有资金为 D，且 $D < K$，因此企业需要向银行融资 $K - D = B$；（3）假定所有投资项目都具有相同预期收益 R^b，但它们的风险存在差异。为简化起见，项目成功和失败的收益分别为 R 和 R^f，项目成功的概率为 p，p 和 R 之间的关系为：$pR + (1-p)R^f = R^b$；（4）银行所提供的资金具有标准的债务形式，r 为资金利率，如果项目成功则企业需偿还 $(1+r)B$ 数量的资金给银行，项目失败则企业所得收益 R^f 全部归银行，并且有 $(1+r)B > R^f$；（5）假定 p 在 $[0,1]$ 区间上的真实概率密度函数和分布函数分别为 $g(p)$ 和 $G(p)$，但银行对投资项目成功的概率有一个主观期望 $\bar{p}$，它和 p 的差异取决于银企间信息不对称问题的解决程度；（6）经济中的企业分为两类，一类是大企业，一类是小企业，前者因抵押能力强使得 p 和 $\bar{p}$ 差异更小，后者则反之；（7）假定银行对大小企业投资项目风险的主观密度和分布函数分别是 $f_1(p)$ 和 $f_2(p)$，以及 $F_1(p)$ 和 $F_2(p)$。

根据上述设定，存在一个临界收益 $R^* = (1+r)B$，当且仅当 $R \geqslant R^*$ 时，企业才会进行外部融资。结合 $pR + (1-p)R^f = R^b$，可以获得企业进行外部融资的临界项目成功概率：

$$p^* = \frac{R^b - R^f}{R^* - R^f} = \frac{R^b - R^f}{(1+r)B - R^f} \tag{6-1}$$

第六章 异质企业视角下数字金融对货币政策利率渠道影响的结构效应

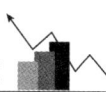

结合 p^* 与 R^* 的具体表达式以及 $pR + (1-p)R^f = R^b$ 这一恒等式可知，$R \geqslant R^*$ 等价于 $p \leqslant p^*$，这意味着企业进行外部融资时投资项目成功概率 p 的取值区间为 $(0, p^*)$，即仅在投资项目成功概率 p 的取值小于临界值 p^* 的情况下，企业才会进行外部融资，从而使得投资项目成功时的收益 R 大于临界值 R^*，以确保企业可以获得正的收益。因此，假定 p 在 $[0,1]$ 区间上的真实概率密度函数和分布函数分别为 $g(p)$ 和 $G(p)$，则企业项目成功概率 p 的真实期望为：

$$\bar{p}^T = \frac{\int_0^{p^*} pg(p)\mathrm{d}p}{\int_0^{p^*} g(p)\mathrm{d}p} = \frac{\int_0^{p^*} pg(p)\mathrm{d}p}{G(p^*)} \tag{6-2}$$

由于银行对项目成功概率 p 的密度函数的主观判断分别为 $f_1(p)$ 和 $f_2(p)$，分布函数主观判断分别为 $F_1(p)$ 和 $F_2(p)$。因此，结合式（6-1）和式（6-2）中对于临界项目成功概率以及项目成功概率期望的定义，银行对于两类银行项目成功概率 p 的主观期望分别为：

$$\bar{p}_1 = \frac{\int_0^{p^*} pf_1(p)\mathrm{d}p}{\int_0^{p^*} f_1(p)\mathrm{d}p} = \frac{\int_0^{p^*} pf_1(p)\mathrm{d}p}{F_1(p^*)} \tag{6-3}$$

$$\bar{p}_2 = \frac{\int_0^{p^*} pf_2(p)\mathrm{d}p}{\int_0^{p^*} f_2(p)\mathrm{d}p} = \frac{\int_0^{p^*} pf_2(p)\mathrm{d}p}{F_2(p^*)}, \bar{p}_1 > \bar{p}_2 \tag{6-4}$$

将式（6-3）、式（6-4）关于 r 求一阶偏导可得：

$$\frac{\partial \bar{p}_1}{\partial r} = \frac{\frac{\partial p^*}{\partial r} p^* f_1(p^*) F_1(p^*) - \frac{\partial F_1(p^*)}{\partial r} \int_0^{p^*} pf_1(p)\mathrm{d}p}{F_1^2(p^*)}$$

$$= -\frac{f_1(p^*)}{F_1^2(p^*)} \frac{(R^b - R^f)B}{[(1+r)B - R^f]^2} \left[p^* F_1(p^*) - \int_0^{p^*} pf_1(p)\mathrm{d}p \right] < 0$$

$$\tag{6-5}$$

$$\frac{\partial \bar{p}_2}{\partial r} = \frac{\frac{\partial p^*}{\partial r} p^* f_2(p^*) F_2(p^*) - \frac{\partial F_2(p^*)}{\partial r} \int_0^{p^*} p f_2(p) \mathrm{d}p}{F_2^2(p^*)}$$

$$= -\frac{f_2(p^*)}{F_2^2(p^*)} \frac{(R^b - R^f)B}{[(1+r)B - R^f]^2} \left[p^* F_2(p^*) - \int_0^{p^*} p f_2(p) \mathrm{d}p \right] < 0$$

(6-6)

由式（6-5）、式（6-6）可知，随着利率的提高，企业投资项目成功概率 p 的期望会下降，这表明利率的提高伴随着违约风险的增加，因而银行的期望收益并不一定与资金利率完全正相关，其同样取决于企业还款的非利息成本。具体的，银行对两类企业每单位贷款提供的期望收益率 $\bar{\pi}_1$ 和 $\bar{\pi}_2$ 分别为：

$$\bar{\pi}_1 = \frac{(1+r)B \int_0^{p^*} p f_1(p) \mathrm{d}p + R^f \int_0^{p^*} (1-p) f_1(p) \mathrm{d}p}{B \int_0^{p^*} f_1(p) \mathrm{d}p}$$

$$= (1+r)\bar{p}_1 + \frac{R^f}{B}(1 - \bar{p}_1) \quad (6-7)$$

$$\bar{\pi}_2 = \frac{(1+r)B \int_0^{p^*} p f_2(p) \mathrm{d}p + R^f \int_0^{p^*} (1-p) f_2(p) \mathrm{d}p}{B \int_0^{p^*} f_2(p) \mathrm{d}p}$$

$$= (1+r)\bar{p}_2 + \frac{R^f}{B}(1 - \bar{p}_2) \quad (6-8)$$

根据两种情况下利润最大化，即由 $\frac{\partial \bar{\pi}_1}{\partial r} = 0$ 以及 $\frac{\partial \bar{\pi}_2}{\partial r} = 0$ 可得：

$$\bar{p}_1 = -\frac{\partial \bar{p}_1}{\partial r}\left[(1+r) - \frac{R^f}{B}\right], r_1^* = \frac{\theta_1}{\bar{p}_1} - \left(1 - \frac{R^f}{B}\right)$$

（其中 θ_1 为积分常数） (6-9)

$$\bar{p}_2 = -\frac{\partial \bar{p}_2}{\partial r}\left[(1+r) - \frac{R^f}{B}\right], \quad r_2^* = \frac{\theta_2}{\bar{p}_2} - \left(1 - \frac{R^f}{B}\right)$$

（其中 θ_2 为积分常数） (6-10)

由式（6-9）和式（6-10）可以看出，银行的期望收益率 $\bar{\pi}$ 与贷款利率 r 之间呈现出了先递增后递减的关系，即当 $r < r^*$ 时，$\frac{\partial \bar{\pi}}{\partial r} > 0$；当 $r > r^*$ 时，$\frac{\partial \bar{\pi}}{\partial r} < 0$。又因为银行的贷款供给 L^S 通常与期望收益率呈正相关，因此贷款供给曲线 S 与期望收益率曲线 $\bar{\pi}$ 的形状应基本一致。由于该分析框架下企业只有银行贷款这唯一的外部融资途径，因而企业投资数量同样与所获得的贷款供给具有正相关性，即此时企业投资关于利率的敏感度分析可近似转化为银行期望收益率关于利率的敏感度分析。

计算均衡贷款利率 r^* 关于 $\bar{p}$ 的一阶偏导分别有：

$$\frac{\partial r_1^*}{\partial \bar{p}_1} = -\frac{\theta_1}{\bar{p}_1^2} < 0, \quad \frac{\partial r_2^*}{\partial \bar{p}_2} = -\frac{\theta_2}{\bar{p}_2^2} < 0 \qquad (6-11)$$

计算期望收益率 $\bar{\pi}$ 关于 $\bar{p}$ 的一阶偏导分别有：

$$\frac{\partial \bar{\pi}_1}{\partial \bar{p}_1} = 1 + r - \frac{R^f}{B} > 0, \quad \frac{\partial \bar{\pi}_2}{\partial \bar{p}_2} = 1 + r - \frac{R^f}{B} > 0 \qquad (6-12)$$

由于本书给出的密度和分布函数均是一般性的，因此上面各式联立不能给出解析解。但是，类似阿热诺尔和蒙蒂尔（Agénor & Montiel, 2015），上述各式给出了大小企业的外部信贷资金配给供给曲线。图 6-1 为大小企业在银企间信贷市场均衡情况。结合式（6-9）、式（6-11）、式（6-12）可以看出，对于大企业，由于 $\bar{p}_1$ 较大，均衡状态下的每单位资金的期望收益率 $\bar{\pi}_1$ 相对较大，与之相对应的均衡银行贷款供给为 L_1^* 也相对较大，而均衡贷款利率 r_1^* 则相对较小，因而大企业投资与贷款利率之间的敏感度较高。而结合式（6-10）、式（6-11）、式（6-12）

可以看出，与大企业相反，小企业的 $\bar{p}_2$ 较小，均衡状态下的每单位资金的期望收益率 $\bar{\pi}_2$ 相对较小，与之相对应的均衡银行贷款供给为 L_2^* 也相对较小，而均衡贷款利率 r_2^* 则相对较大，因而小企业投资与贷款利率之间的敏感度较低。

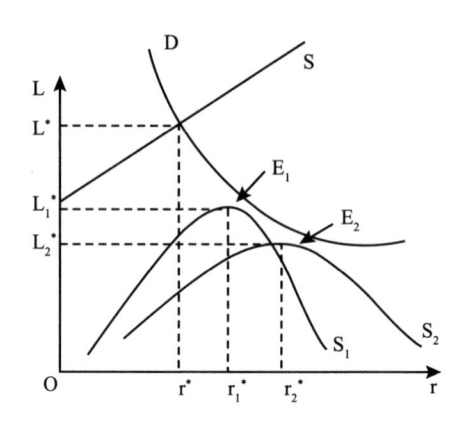

图 6-1 银企信贷市场均衡

注：S_1 为无数字金融影响时对于大企业的银行贷款供给曲线；S_2 为无数字金融影响时对于小企业的银行贷款供给曲线；D 为企业贷款需求曲线；S 为银行贷款总供给曲线。
资料来源：笔者绘制。

二、数字金融对货币政策利率渠道影响的结构效应

数字金融通常被认为可以凭借新型技术而更有效地解决信贷市场中的信息不对称问题，并且其作用效果在抵押能力较弱的弱势群体中具有更为明显的表现（傅秋子和黄益平，2018）。根据数字金融可以帮助银行提高其对于企业投资项目客观风险分布推断的准确性，并且，由于大企业抵押品提供能力强等原因，数字金融的作用效果在小企业方面更为强烈。因此，本书可以假定数字金融帮助企业提高其投资项目的风险透明度，弱化银行对企业投资项目成功概率的主观期望与真实期望之间的差距，也就是减小 $\bar{p}^T$ 和 $\bar{p}$ 之间的差距，并且由于数字金融对于小企业的

作用效果更为强烈，从而有 $\frac{\partial \bar{p}_2}{\partial DF} > \frac{\partial \bar{p}_1}{\partial DF} > 0$。

图 6-2（a）和图 6-2（b）显示了数字金融对不同类型企业信贷市场贷款配给的影响差异。其中，曲线 S_1' 和 S_2' 分别给出了考虑数字金融影响情况下大小企业在银企间信贷市场中的新均衡解。由图可见，在考虑数字金融影响的条件下，结合式（6-11）、式（6-12）可以看出，对于大企业，虽然有 $\frac{\partial \bar{p}_1}{\partial DF} > 0$，但这一数值相对较小，这意味着随着数字金融运用水平的提高，$\bar{p}_1$ 只有较小幅度的增长，因而新均衡状态下每单位资金的期望收益率 $\bar{\pi}_1$ 也只有较小幅度的增长，与之相对应的均衡银行贷款供给 $L_1^{*'}$ 也增幅较小，均衡贷款利率 $r_1^{*'}$ 的降低幅度同样相对较小。这一结果说明数字金融对于大企业投资利率的敏感度虽有影响但相对较弱。而结合式（6-11）、式（6-12）可以看出，与大企业相反，数字金融使得 $\bar{p}_2$ 有较大幅度的增长，从而导致新均衡状态下每单位资金的期望收益率 $\bar{\pi}_2$ 增长幅度较大，与之相对应的均衡银行贷款供给 $L_2^{*'}$ 也增幅较大，均衡贷款利率 $r_2^{*'}$ 的降低幅度同样相对较大。由此可见数字金融对于小企业投资关于利率的敏感度具有较强的影响。

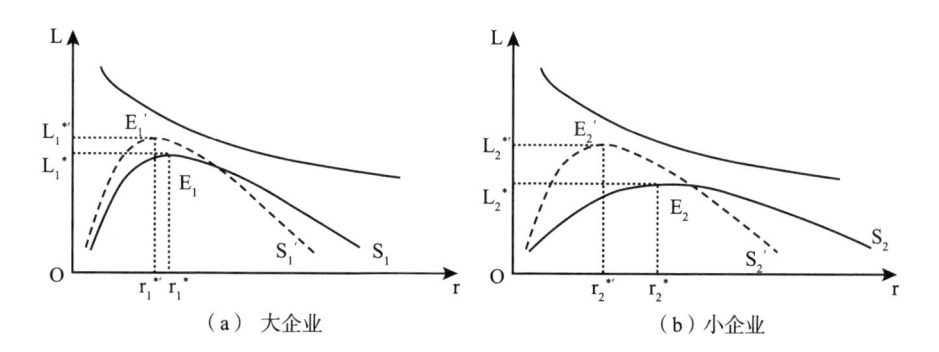

图 6-2　数字金融对大企业和小企业信贷市场贷款配给的影响

注：S_1 为无数字金融影响时的银行贷款供给曲线；S_2 为有数字金融影响时的银行贷款供给曲线；D 为企业贷款需求曲线。

资料来源：笔者绘制。

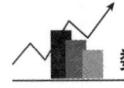

综合上面的分析,本书提出以下假设:数字金融对货币政策利率渠道的影响表现出基于企业类型的结构效应。

第三节 实证研究设计

根据前面的理论逻辑和中国的现实背景,两类企业只能从银行获得外部融资支持,并且均面临一个不完美的信贷市场,银企之间存在委托代理问题,因此,从企业投资的角度看,关于数字金融对利率渠道的影响应体现以下三点:一是银行的贷款供给由风险成本和利息收益的边际平衡决定;二是企业投资不仅取决于预期收益与资本边际成本的比较,还与企业的抵押能力相关,货币政策冲击影响企业的利率成本并改变企业的抵押能力;三是数字金融的使用后,由于企业的抵押能力与数字金融的边际效用负相关,因此对两类企业投资会产生异质性影响。据此,本书设定计量模型如下:

$$Invest_{idt} = c + \sum_{j=1}^{n} \beta_{1j} Invest_{id,t-j} + \beta_2 LR_t + \beta_3 Cash_{it} + \beta_4 IR_t + \beta_5 DF_{dt}$$
$$+ \beta_6 DF_{dt} \times LR_t + \beta_7 DF_{dt} \times Cash_{it} + \theta^T EI_t + \delta SHA_{idt}$$
$$+ \gamma_j Z_{it}^j + \mu_i + \epsilon_{idt} \tag{6-13}$$

其中,被解释变量与解释变量的设定与第四章式(4-4)的设定一致。

为检验数字金融对两类企业投资影响的异质性,鉴于总资产规模大的企业抵押能力更强,本书按照企业的总资产规模,用 $Size$ 表示样本企业资产规模的虚拟变量,按照企业总资产对数值的中位数将样本分成两组,高于中位数的组别作为大企业样本,$Size$ 赋值为1,反之作为小企业样本,$Size$ 赋值为0,进行分组检验。由于企业属性具有一定的惯性,银行对企业的本期贷款供给也会受到前一期决策的影响,因此本书在模型

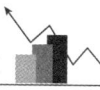

中引入被解释变量的一阶滞后项,构成动态面板模型,模型估计采用系统 GMM 方法进行。

由于存在不完备信贷市场,市场均衡贷款数量取决于供给曲线,而银行在贷款决策时将同时考虑利息收益和风险成本,因此,根据理论分析,由于大小企业的抵押能力不同,小企业样本下的系数 β_2 的绝对值应小于大企业,而系数 β_3 的绝对值应大于大企业。而根据假设的理论预期,数字金融的运用将对利率渠道产生放大效应,但由于企业抵押能力不同而存在结构效应,因此小企业中的 β_2 增加幅度将大于大企业,小企业 β_3 的减小幅度也应大于大企业。

以上模型的估计方法、变量定义、样本选择和数据处理过程与第四章一致。

第四节 实证结果分析

表 6-1 汇报了式(6-13)关于数字金融对货币政策利率渠道影响效应的检验结果,根据表中列(1)~列(4)对于大小企业的分样本分析,从中可以得出以下结论:一是大企业相对于中小企业抵押能力更强,信贷约束小,投资需求对于利率的敏感性更强;二是数字金融对于利率渠道的影响具有关于企业类型的结构效应,对小企业信贷市场条件的边际改善作用明显强于大企业。对于第一点,从表中列(1)和列(3)的对比可以看出,虽然 LR 的系数都在 1% 的水平上显著,但 $Size=1$ 的大企业分组下 LR 的系数绝对值均大于 $Size=0$ 小企业样本下的对应系数绝对值。其次,从表中大企业分组检验结果中可以发现,在没有控制数字金融变量时,大企业投资对长期利率的敏感度为 0.1598,并在 1% 的水平上显著为负;加入数字金融变量后,LR 的系数 0.0301 在 5% 的水平上显著

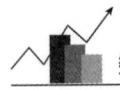

为负，$DF \times LR$ 的系数为 -0.1296 并在 5% 的水平上显著，说明数字金融的运用使得大企业投资对利率的敏感度上升。而表中列（3）和列（4）的结果显示，对于小企业样本而言，在没有控制 DF 时，小企业投资对利率的敏感度为 0.1471，并在 1% 的水平上显著为负，加入 DF 及其交互项后，$DF \times LR$ 的系数为 -0.1296，在 10% 的水平上显著，此外，列（4）显示 $DF \times LR$ 的系数估计值为 -0.1374，绝对值大于大企业样本下对应的交互项系数，对比可知数字金融使得小企业投资对利率的敏感度上升约 13.74%，高于大企业的 12.96%，以上结果说明数字金融对于中小企业投资对利率敏感性的边际改善明显强于大企业，进一步通过对比加入数字金融前后大企业和小企业投资对利率敏感性的变化可以发现：在数字金融作用下，两者的投资对利率敏感性的差异缩小，由此可见数字金融可有效缓解小企业面临的融资约束。

表 6-1　　数字金融对货币政策利率渠道的影响效应

变量	size = 1 (1)	size = 1 (2)	size = 0 (3)	size = 0 (4)
$Invest_{-1}$	0.1024 *** (0.0106)	0.1290 *** (0.0081)	0.1622 *** (0.0062)	0.1409 *** (0.0076)
LR	-0.1598 *** (0.0232)	-0.0301 ** (0.0143)	-0.1471 *** (0.0180)	-0.0096 * (0.0055)
$Cash$	0.0196 *** (0.0012)	0.0323 *** (0.0011)	0.0118 *** (0.0019)	0.0302 *** (0.0015)
IR	-0.0094 (0.0103)	-0.0068 (0.0645)	-0.0169 * (0.0087)	-0.0133 ** (0.0056)
DF		0.0265 *** (0.0015)		0.0303 *** (0.0092)
$DF \times LR$		-0.1296 ** (0.0546)		-0.1374 *** (0.0230)
$DF \times Cash$		-0.0128 * (0.0067)		-0.0185 ** (0.0092)

续表

变量	size = 1		size = 0	
	（1）	（2）	（3）	（4）
控制变量	是	是	是	是
个体效应	是	是	是	是
样本数量	51241	51264	49719	49719
AR（1）	0.035	0.039	0.032	0.038
AR（2）	0.572	0.491	0.561	0.462
Hansen test	0.245	0.232	0.243	0.237

注：AR（1）和 AR（2）检验分别给出了模型残差项一阶差分的一阶和二阶自相关检验的 P 值；Hansen 检验列出了工具变量过度识别的 P 值；以上系数均通过标准化处理，以消除量纲的影响；括号中报告的是企业层面聚类标准误，***、**、* 分别表示1%、5%、10% 的显著性水平。

综上可见，表6-1检验结果与假设的判断一致，即数字金融的发展会改变两类企业的信贷供给曲线，并且对于中小企业的改善作用明显强于大企业，进而弱化了两类企业关于货币政策传导的结构效应差异。最后，表中关于 Hansen 检验的结果表明不能拒绝"所有工具变量都是有效的"这一原假设，即滞后项工具变量均符合外生性条件，AR（1）和 AR（2）的结果则表明扰动项不存在二阶自相关问题，以上检验结果说明模型采用的系统 GMM 估计方法是稳健有效的。

第五节 稳健性检验

一、替换数字金融发展的衡量方法

为减少对关键解释变量银行数字金融发展程度的度量误差，并于前面保持衡量指标的一致性，本书也采用郭峰等（2020）构建的北京大学普惠数字金融指数进行稳健性检验，检验结果如表6-2和表6-3所示，

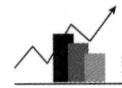

最终回归结果基本保持一致。

表6-2　　　数字金融对货币政策利率渠道的影响效应
（替换数字金融发展指标）

变量	size = 1 (1)	size = 1 (2)	size = 0 (3)	size = 0 (4)
$Invest_{-1}$	0.1026 *** (0.0015)	0.1082 *** (0.0082)	0.1631 *** (0.0065)	0.1409 *** (0.0012)
LR	-0.1301 *** (0.0212)	-0.0289 * (0.0152)	-0.1272 *** (0.0112)	-0.0196 ** (0.0101)
$Cash$	0.0127 * (0.0075)	0.0229 ** (0.0113)	0.0104 ** (0.0049)	0.0392 *** (0.0015)
IR	-0.0093 (0.2042)	-0.0041 (1.0342)	-0.0178 * (0.0103)	-0.0137 ** (0.0064)
DF		0.0165 *** (0.0041)		0.0169 *** (-0.0045)
$DF \times LR$		-0.1007 * (0.0594)		-0.1078 ** (0.0534)
$DF \times Cash$		-0.0102 ** (0.0048)		-0.0287 ** (0.0129)
控制变量	是	是	是	是
个体效应	是	是	是	是
样本数量	51241	51264	49719	49719
AR（1）	0.035	0.038	0.033	0.039
AR（2）	0.512	0.517	0.513	0.517
Hansen test	0.217	0.229	0.217	0.228

注：AR（1）和AR（2）检验分别给出了模型残差项一阶差分的一阶和二阶自相关检验的P值；Hansen检验列出了工具变量过度识别的P值；以上系数均通过标准化处理，以消除量纲的影响；括号中报告的是企业层面聚类标准误，*** 、** 、* 分别表示1%、5%、10%的显著性水平。

二、替换短期政策利率的选择

考虑到不同类型的短期利率可能蕴含的信息不同，对政策利率的反应速度以及对货币市场利率的传导效率存在的差异，本书以银行间存款

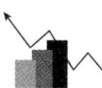

类金融机构7天质押回购利率（DR007）替换7天上海银行间同业拆借利率（SHIBOR_7D）作为短期政策利率代理变量进行稳健性检验。结论与基准回归保持一致（见表6-3）。

表6-3　　　　数字金融对货币政策利率渠道的影响效应

（替换短期利率指标）

变量	size = 1		size = 0	
	(1)	(2)	(3)	(4)
$Invest_{-1}$	0.1025*** (0.0016)	0.1086*** (0.0023)	0.1632*** (0.0042)	0.1424*** (0.0012)
LR	-0.1513*** (0.0277)	-0.0286* (0.0153)	-0.1593*** (0.0216)	-0.0296*** (0.0091)
$Cash$	0.0127** (0.0053)	0.0231** (0.0104)	0.0106** (0.0047)	0.0292** (0.0144)
IR	-0.0097 (0.0101)	-0.0082 (0.0398)	-0.0177* (0.0104)	-0.0138** (0.0062)
DF		0.0264*** (0.0024)		0.0371*** (0.0013)
$DF \times LR$		-0.1227** (0.0576)		-0.1297** (0.0501)
$DF \times Cash$		-0.0104** (0.0062)		-0.0187*** (0.0059)
控制变量	是	是	是	是
个体效应	是	是	是	是
样本数量	51241	51264	49719	49719
AR（1）	0.033	0.039	0.031	0.037
AR（2）	0.571	0.491	0.561	0.462
Hansen test	0.245	0.253	0.242	0.255

注：AR（1）和AR（2）检验分别给出了模型残差项一阶差分的一阶和二阶自相关检验的P值；Hansen检验列出了工具变量过度识别的P值；以上系数均通过标准化处理，以消除量纲的影响；括号中报告的是企业层面聚类标准误，***、**、*分别表示1%、5%、10%的显著性水平。

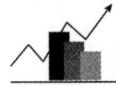

三、排除其他替代解释的影响

由于利率市场化改革的进程与数字金融发展进程具有一定的重合度，比如2013年被称为互联网金融的"元年"同时也是取消金融机构贷款利率下限的利率市场化改革的重要节点。为了控制利率市场化改革进程可能对企业投资造成的影响，本书将利率市场化指数（彭建刚和王舒军，2016）作为控制变量加入基准模型中，与式（6-13）回归结果基本保持一致。考虑到利率期限结构部分检验变量均为时序变量，加入利率市场化时序变量无法对 DF 的作用进行识别，此处不再对此模型进行稳健性检验（见表6-4）。

表6-4　　　　数字金融对货币政策利率渠道的影响效应
（排除其他替代解释）

变量	size = 1		size = 0	
	(1)	(2)	(3)	(4)
$Invest_{-1}$	0.1023 *** (0.0025)	0.1289 *** (0.0024)	0.1609 *** (0.0035)	0.3413 *** (0.0028)
LR	-0.1414 * (0.0815)	-0.0346 ** (0.0159)	-0.1353 *** (0.0045)	-0.0097 *** (0.0023)
$Cash$	0.0126 ** (0.0052)	0.0223 ** (0.0103)	0.0118 ** (0.0057)	0.0202 ** (0.0086)
IR	-0.0094 (0.0103)	-0.0068 (0.0045)	-0.0169 * (0.0094)	-0.0133 ** (0.0062)
DF		0.0264 *** (0.0022)		0.0302 *** (0.0093)
$DF \times LR$		-0.1068 * (0.0596)		-0.1257 ** (0.0612)
$DF \times Cash$		-0.0097 (0.0077)		-0.0083 ** (0.0039)

续表

变量	size = 1		size = 0	
	(1)	(2)	(3)	(4)
IRL	0.0318 * (0.0163)	0.0232 (0.0221)	0.0291 * (0.0151)	0.0328 (0.0208)
控制变量	是	是	是	是
个体效应	是	是	是	是
样本数量	51241	51264	49719	49719
AR（1）	0.035	0.041	0.039	0.042
AR（2）	0.651	0.647	0.650	0.638
Hansen test	0.212	0.272	0.213	0.235

注：AR（1）和 AR（2）检验分别给出了模型残差项一阶差分的一阶和二阶自相关检验的 P 值；Hansen 检验列出了工具变量过度识别的 P 值；以上系数均通过标准化处理，以消除量纲的影响；括号中报告的是企业层面聚类标准误，*** 、** 、* 分别表示1%、5%、10%的显著性水平。

第六节　进一步分析

一、企业所有制性质的影响

部门间的结构性差异是中国经济增长过程中的显著特征（潘珊和龚六堂，2015），而国有部门相对于非国有部门具有一定的体制优势，在金融市场不完备的背景下，由于预算软约束以及政府隐性担保的存在，商业银行对于国有企业具有明显的信贷偏向（Song et al.，2011；Chang et al.，2019；田国强和赵旭霞，2019），但同时国有部门又存在资本积累过多以及投资效率较低的特点（杨汝岱，2015；Bai et al.，2016；Jin et al.，2019）。相反，非国有企业则面临明显的信贷配给以及融资歧视，在宽松的政策利率冲击还存在投资效率损失等问题（韩珣和李建军，2020；林东杰等，2022）。而银行对数字金融的运用可能通过减少金融摩擦改善信

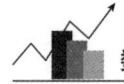

贷市场条件，缓解企业所有制差异导致的货币政策利率渠道传导效果的扭曲效应。

针对以上问题，本书根据企业产权性质对样本进行分组，若样本为国有企业，则将虚拟变量 Equity 赋值为 1，否则取值为 0。检验结果如表 6-5 列（1）~列（4）所示，在国有企业（Equity = 1）中，$DF \times LR$ 的系数并不显著，说明银行是否运用数字金融对国有企业投资关于利率的敏感性并没有起到显著的改善作用，但在非国有企业（Equity = 0）中，交互项系数均在 5% 的水平上显著，数字金融的运用后，货币政策利率渠道的效果大约提升了 9.1%。通过对比分组前后的实证结果与前面的分析也可以发现，数字金融对于缩小产权性质异质导致的货币政策结构效应差异的效果更为明显。从经济意义看，此结果说明对于非国有企业而言，数字金融的运用可以减少代理成本，提高贷款可得性，改善信贷市场条件，但是对于国有企业，其本身拥有商业银行信贷倾向，因此数字金融对其信贷市场条件的改变是极为微弱的。

二、政策周期性因素的影响

货币政策的非对称性是指货币政策在不同的经济周期具有不同的效果，而目前的研究几乎都认为：紧缩性货币政策的效果要优于扩张性货币政策（Weise，1999；Florio，2004；刘金全和郑挺国，2006；刘明，2006）。陈建斌（2006）发现在中国扩张性货币政策对产出没有影响，而紧缩性货币政策能够有效影响产出，但货币政策效力不存在经济周期上的非对称性。张旭和文忠桥（2013）则通过对利率期限结构和货币政策效果分析发现，货币政策冲击对市场利率的影响，市场利率冲击对产出的影响都存在货币政策周期上的非对称性。结合上面的检验结果，数字金融的运用可以起到完善利率期限结构，提高长短期利率传导效率的作

第六章　异质企业视角下数字金融对货币政策利率渠道影响的结构效应

表 6-5　数字金融对货币政策利率渠道影响的差异性

变量	Equity = 1 (1)	Equity = 1 (2)	Equity = 0 (3)	Equity = 0 (4)	Circle = 1 (5)	Circle = 1 (6)	Circle = 0 (7)	Circle = 0 (8)
$Invest_{-1}$	0.1135 * (0.0604)	0.1066 ** (0.0491)	0.0933 ** (0.0387)	0.0718 * (0.0385)	-0.0158 (0.0271)	-0.1373 ** (0.0614)	-0.1564 ** (0.0704)	-0.1378 ** (0.0606)
LR	-0.1242 ** (0.0541)	-0.0316 (0.0496)	-0.1632 ** (0.0745)	-0.0723 *** (0.0214)	-0.1423 ** (0.0665)	-0.0891 *** (0.0214)	-0.1225 * (0.0656)	-0.0614 ** (0.0301)
Cash	0.0033 ** (0.0013)	0.0189 *** (0.0037)	0.0077 *** (0.0028)	0.0235 *** (0.0025)	0.0052 ** (0.0017)	0.0152 *** (0.0022)	0.0055 *** (0.0021)	0.0221 *** (0.0052)
IR	-0.0098 (0.0080)	-0.0115 (0.0211)	-0.0022 *** (0.0007)	-0.0193 *** (0.0018)	-0.0088 (0.0449)	-0.0194 *** (0.0011)	-0.0073 (0.0271)	-0.0146 ** (0.0072)
DF		0.0722 (0.1016)		0.0875 ** (0.0437)		0.0335 ** (0.0129)		0.0213 * (0.0115)
DF × LR		-0.925 (0.0951)		-0.0910 ** (0.0454)		-0.0533 *** (0.0137)		-0.0612 * (0.0345)
DF × Cash		-0.0157 (0.0861)		-0.0158 ** (0.0067)		-0.0099 *** (0.0034)		-0.0166 (0.0698)
控制变量	是	是	是	是	是	是	是	是
个体效应	是	是	是	是	是	是	是	是
样本数量	49829	49829	63448	63448	52472	52472	60558	60558
AR (1)	0.041	0.045	0.043	0.045	0.042	0.045	0.043	0.045
AR (2)	0.176	0.211	0.175	0.262	0.256	0.323	0.250	0.327
Hansen test	0.220	0.246	0.223	0.242	0.324	0.353	0.321	0.334

注：AR (1) 和 AR (2) 检验分别给出了模型残差项一阶差分的一阶和二阶自相关检验的 P 值；Hansen 检验列出了工具变量过度识别的 P 值；以上系数均通过标准化处理，以消除量纲的影响；括号中报告的是企业层面聚类稳健类标准误，***、**、* 分别表示 1%、5%、10% 的显著性水平。

用，那么数字金融对货币政策利率渠道传导的改善作用也可能存在政策效果非对称性。

据此，本书根据央行对于法定存款准备金率的调整，将提高法定存款准备金率的时期作为紧缩性货币政策实施阶段，虚拟变量 Circle 赋值为 1，反之，赋值为 0。对式（6-4）的检验结果如表 6-5 列（5）～列（8）所示，对比紧缩性货币政策时期（Circle = 1）与扩张性货币政策时期（Circle = 0），前者的 DF 与 LR 交互项系数无论是显著性还是系数绝对值均明显大于后者，说明紧缩性货币政策下数字金融对货币政策利率渠道传导效果的改善作用更大，此结果亦符合扩张性货币政策效力相对更小的理论预期。

第七节 本章小结

本章研究了数字金融如何改变了货币政策利率渠道的结构效应。这一研究对于当前经济下行压力增大背景下，在实施积极稳健货币政策的同时，如何防止政策冲击导致的结构性扭曲效应具有重要意义。

首先，数字金融不是增大而是弱化了货币政策利率渠道的结构扭曲效应。大企业和小企业的抵押能力差异，决定了它们在信贷市场上面临的信贷供给曲线是有差异的，这使得在利率变动对企业均衡贷款从而对均衡投资的边际效应是不同的。但是，由于数字金融更有助于改善小企业面临的信贷市场条件，因此随着数字金融的发展，两类企业面临的信贷供给曲线的差异性在变小，这意味着当货币政策引起利率变动时，政策冲击对大小企业的投资的影响差异缩小。这从一个方面印证了数字金融对放松中小企业融资约束的有效性。

其次，本书对企业类型进一步按国有企业和民营企业分类实证结果

第六章 异质企业视角下数字金融对货币政策利率渠道影响的结构效应

显示，数字金融对缩小这两类企业货币政策结构效应差异的效果更大，这主要是因为数字金融对国有企业信贷市场条件的改变是微弱的。其中的原因可能在于，对于国有企业而言，其本身拥有商业银行信贷倾向和政府背书，因此数字金融对其信贷市场条件的改变是极为微弱的。

最后，数字金融的作用受到政策扩张与紧缩的非对称性以及企业产权性质的影响。虽然无论扩张还是紧缩性货币政策，数字金融对利率渠道的结构非均衡效应差异缩小的影响均是显著的，但是，紧缩性货币政策下的效果要明显好于扩张性货币政策，这符合扩张条件下货币政策效力更小的理论预期。

本章的研究表明，数字金融不仅可以提高货币政策利率渠道的总量性传导效果，同时对于货币政策可能存在的结构性扭曲效应也具有一定程度的矫正作用，更大程度地缓解了中小企业面临的信贷配给问题，提高了货币政策的利率渠道传导效果。

第七章
Chapter 7

异质信息视角下数字金融对货币政策利率渠道影响的异化效应

本书第六章主要从企业异质的角度，探讨了数字金融发展对货币政策利率渠道传导效果产生的结构效应。本章将主要基于信贷市场信息异质的视角，探讨数字金融对于不同类型信息的获取和处理技术差异，并由此进一步考察数字金融发展对货币政策利率渠道可能产生的异化效应。与企业异质特征导致的结构效应不同，本章并非以货币政策利率渠道的作用对象进行区分，而是基于作用主体：数字金融的技术特征出发，围绕数字金融对货币政策利率渠道作用机制的"信息异质"性进行拓展分析，从而更全面深入地揭示数字金融对货币政策利率渠道的作用路径，科学准确地评估数字金融发展对货币政策利率渠道传导的影响效应。

第七章　异质信息视角下数字金融对货币政策利率渠道影响的异化效应

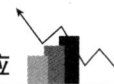

第一节　问题的提出

近年来，数字金融的迅速发展给全球的金融结构和金融业务模式带来了巨大的改变。虽然数字金融具备多种表现形式，例如，移动支付、线上 P2P 平台、智能投顾（Robo-advising for investments）、数字保险等，但是，从金融功能观的角度来看（Levine，1997），数字金融的本质是利用大数据和云计算等技术，改变外部投资者收集借款人的信息方式和成本（Gomber，2018），由此弱化外部投资者和借款人之间的信贷市场摩擦程度。根据不完全金融市场下的企业投资理论（Townsend，1979），数字金融的这一金融功能特点隐含着以下推论：随着数字金融的发展，由于企业与外部投资者之间的信贷市场逐步完美，因此企业投资关于利率的敏感度会不断提高。

然而，如果深入分析信贷市场的信息类型，会发现上述判断或许并不一定会成立。以银行为例[①]，按照银行与企业借贷关系理论（Berger & Udell，2006；Harris & Raviv，1991，1992；Myers & Majluf，1984；Jensen & Meckling，1976），企业具备的信息类型可分为标准化信息和非标准化信息。其中，标准化信息是指可以表示为会计数字、书面和口头报告、法庭可核实的文件等形式的信息，以及通过分析其内容所获得的知识等，

[①]　已有数字金融应用关注的主要是金融行业外部的一些年轻初创公司和成熟的大型科技公司（Goldstein et al.，2019），而实际上，数字金融也正在许多传统金融行业中被迅速采用。例如，在 2020 年，中国银行业持续加大数字金融投入，仅 A 股上市银行在信息科技方面的投入就达到 2078 亿元，同比增长 25%，占当年银行业 1.94 万亿元净利润的 10.7%。大中型银行纷纷"大象转身"，将数字化放到了战略核心地位，推进数字金融聚焦 ABCDMIX（人工智能、区块链、云计算、大数据、移动互联、物联网和其他前沿技术）。中国建设银行建立的"建行云"，拥有物理节点 26000 多个，云计算力达到了 90%，云业务运用超过了 270 个。考虑到银行在发展中国家金融体系中的核心地位，考察数字金融在银行业中的应用，对于理解数字经济对经济的影响尤为重要。

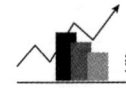

此类信息可以通过数码标准化，并由互联网进行传播。相对地，非标准化的信息是隐性的需要通过近距离"意会"获得的信息，无法通过简单加总数码化的信息获得，而只能通过有限的局部域，长期的关系合同或特定经历得到，不可量化，难以形成统一的评价标准，不能在公开市场获得的专有信息。如企业家和经理的素质、品格和可靠程度，以及技能的积累水平等。可见，由于数字金融所依赖的大数据技术主要解决的是标准化信息的收集问题（Chen & Du, 2020），而非标准化信息主要依靠的是关系型融资（Aoki & Dinc, 1997）。所以，虽然数字金融可以大幅度地减小标准化信息的收集成本，显著减小信贷市场的摩擦，但是，当前银行发展现状和相关研究表明（Ogura & Uchida, 2014; Tan et al., 2018），银行在应用数字金融的同时，也同时大量减少物理营业网点和雇佣一线信贷员的数量。然而，非标准化信息的获取却需要银行员工与客户之间建立一种长期的近距离关系来收集，此种贷款也称为关系型贷款。可见，银行线下网点和一线业务员的缩减会减少这类信息收集的投入，增加信贷市场的金融摩擦。也就是说，从对企业投资关于利率敏感度影响来看，数字金融的发展可能具有两种相反的效应：一方面，通过更充分高效地收集标准化信息，信贷市场金融摩擦减少，企业投资关于利率的敏感度提高，本书将此效应称为金融摩擦缓解效应；另一方面，伴随着关系型融资技术投入的减少，银行对非标准化信息的处理能力减弱，金融摩擦随之增加，企业投资对于利率的敏感度降低，在此称之为金融摩擦增强效应。那么，数字金融如何影响银行获取和处理两类信息的能力，进而作用于企业面临的金融摩擦水平，最终影响货币政策利率渠道传导效果的呢？

以往在信贷市场信息同质的设定下关于数字金融影响企业投资的相关研究，普遍认为数字金融可以以更低的成本解决借款人和贷款人之间的信息不对称问题，或提供更多融资选择，进而弱化企业面临的信贷配给（DeYoung et al., 2013; Sedunov, 2017）。而本书的研究有两点不同：

一是已有大部分研究主要关注的是第三方新兴数字金融公司,本书则从数字金融在银行业运用的角度出发探讨数字金融的影响;二是以往研究主要是基于信贷配给理论,主要关注的是数字金融所带来的抵押品要求的减少对企业投资的影响,而本部分则主要关注数字金融导致的资金价格信号作用的变化对企业投资的影响。

根据状态证实成本理论,当外部投资者需要支付成本证实企业投资项目的真实产出时,企业投资不再仅仅取决于利率,更与它们的抵押品提供能力有关(Townsend,1979;Kiyotaki & Moore,1997)。如贾内蒂和西莫诺夫(Giannetti & Simonov,2013)利用法国银行业危机的数据,发现经历房地产抵押品价值下降的公司,其债务能力和投资能力都会下降,尤其对于那些在获得外部融资方面受到更多限制的企业而言,对投资的负面影响更为明显。本部分研究与以上研究密切相关,但是,所关注的不是抵押品在解决信贷市场信息不对称问题时的作用,而是数字金融这一新技术如何改变信贷市场信息不对称问题的解决方式和效果,进而作用于企业投资关于利率的敏感性,即对货币政策利率渠道传导效果的影响效应。

以下,本书将通过实证考察银行数字金融运用通过两种信息渠道对企业投资关于利率敏感度影响的分效应大小,从信贷市场异质信息的角度探讨数字金融对货币政策利率渠道的异化效应。

第二节 实证研究设计

一、变量设定、样本选择和数据处理

(一)主要变量设定

本部分研究的主要机制路径是金融科技运用对企业不同类型信息的

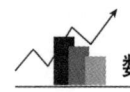

处理能力差异，因此，需要选择合适的变量以衡量银行对企业不同类型信息的收集和处理水平。由于企业的非标准化信息不能通过资产负债表等标准化的数据信息中获取，而是需要银行通过与企业建立长期的接触才能获得，所以，本书参考安戈里等（Angori et al., 2020），甘巴科尔塔和米斯特鲁利（Gambacorta & Mistrulli, 2014）等的研究，采用以下两个银企关系指标来区分银行通过不同方式收集的信息类别：（1）新增贷款银行（OPEN_REL），即企业是否新增贷款银行的虚拟变量，作为标准化信息获取能力的代理指标；（2）主银行关系持续时间（DURA_REL），即企业与债务份额最高的银行借贷关系持续时间，取其对数作为非标准化信息获取能力代理指标。

如果企业选择新增贷款银行（OPEN_REL），则可以判断，新增银行对企业投资的信贷决策更多依赖的是企业的标准化信息，而不是需要通过花费高昂的时间成本来获取的非标准化信息。此外，为避免出现信息"搭便车"的问题，企业新增贷款银行的情况也将减弱原有的贷款银行花费昂贵的人力成本去获取"非标准化信息"的动机（Gama & Auken, 2015；Duqi et al., 2017）。相对地，根据伯杰和尤德尔（Berger & Udell, 2002），戈比和塞特（Gobbi & Sette, 2014）等，银行与企业的借贷关系持续时间（DURA_REL）越长，则对企业管理者品质、企业未来发展计划等的了解越全面，积累企业非标准化信息也越多，越有利于银行进行信贷决策。此外，企业负债比例最大的银行对于贷款企业信息的获取和投资决策均具有关键影响，主银行关系持续时间越长，企业被"信息捕获"的可能性越大。因此参考已有文献，本书采用主银行关系持续时间的对数作为非标准化信息获取能力的代理变量（Ferri et al., 2019；Beck et al., 2018）。其余变量设定与第四章基准模型式（4-2）的设定一致。

（二）样本选取和数据处理

为检验数字金融在银行的运用是否改变了企业投资关于利率的敏感

第七章 异质信息视角下数字金融对货币政策利率渠道影响的异化效应

度,本书主要采用了中国沪深两市,包括中小企业板和创业板的非金融类 A 股上市公司 2010~2021 年的投资和贷款数据。其中,贷款数据主要来自 CSMAR 国泰安中国上市公司银行贷款研究数据库,包括借款者和贷款银行的信息、贷款量、贷款进程等。企业的投资数据、特征属性以及宏观经济数据来自 Wind 数据。

对于银行贷款数据的处理主要包括以下步骤:首先,排除没有指明特定贷款银行的数据,银行字段缺失的数据,还有其他类型的债务数据,包括贸易融资、票据承兑和表外项目。其次,排除以下几种借款银行的数据:政策性银行、外资银行、信托和其他非银行金融机构。再次,排除包括银团贷款在内的数据。对企业属性数据的前期处理过程流程与其他章节一致,最后,将来自 Wind 数据库可用的样本企业投资数据和其他相关统计数据与 CSMAR 的上市公司银行贷款数据进行匹配。经上述处理,最终获得 12557 个观测值。

表 7-1 为变量的描述性统计结果。表中结果显示了不同企业的投资水平存在显著差异。其中,主银行关系持续时间差异较大,最长时间为 9 年,最短为 1 年,中位数大于平均数,表明银行对企业非标准化信息的获取水平存在较大差异,其中的原因可能在于商业银行对企业发放的贷款大部分为短期经营性贷款,而此现象对于中小企业尤为明显。

表 7-1 描述性统计

变量	观测值	均值	中位数	标准差	最小值	最大值
Invest	12557	0.022	0.018	0.046	-0.108	0.275
DF	12557	3.419	3.485	0.562	2.639	4.144
LR	12557	5.324	5.300	0.085	3.280	6.560
DURA_REL	12557	0.441	0.032	1.085	0.000	2.197
OPEN_REL	12557	0.509	0.500	0.502	0.000	1.000
Cash	12557	3.592	3.325	1.178	0.074	13.781
PRO	12557	0.026	0.020	0.041	-0.136	0.156

续表

变量	观测值	均值	中位数	标准差	最小值	最大值
AGE	12557	2.057	2.309	0.956	0.000	3.433
Subsidy	12557	10.302	13.932	7.683	0.000	22.732
ES	12557	0.414	0.000	0.493	0.000	1.000
TQ	12557	2.132	1.667	1.472	0.859	9.530
SHA	12557	0.079	0.010	0.144	0.000	0.548
PGDP	12557	9.829	9.890	0.978	6.825	11.719

二、数字金融通过两类信息影响利率渠道传导的机理与效应差异

通过加入信息获取类型代理变量，本书构建如下动态面板模型分析数字金融对企业投资关于利率敏感度的影响机制：

$$\begin{aligned} Invest_{idt} = & \alpha + \beta_{1j} \sum_{j=1}^{n} Invest_{id,t-j} + \beta_2 LR_t + \beta_3 DF_{dt} + \beta_4 Cash_{it} \\ & + \theta_1 DF_{dt} \times LR_t + \theta_2 DF_{dt} \times Cash_{it} + \theta_3 BR_{it}^k \times LR_t \\ & + \theta_4 DF_{dt} \times LR_t \times BR_{it}^k + \theta_5 BR_{it}^k \times Cash_{it} + \theta_6 DF_{dt} \\ & \times Cash_{it} \times BR_{it}^k + \gamma_l^T Z_{it}^l + \delta_l^T EI_t^l + \mu_i + \epsilon_{idt} \end{aligned} \quad (7-1)$$

其中，DF 为省级层面银行数字金融发展指数，BR^k 代表识别企业信息类型的两个变量，$k=1,2$，分别为是否新增贷款银行（OPEN_REL），主银行关系持续时间（DURA_REL）。Z^l 为企业特征控制变量组成的向量，用于控制企业个体特征的其他因素对投资决策的影响。EI^l 为宏观经济控制变量，μ_i 为表示企业固定效应的向量，ϵ_{it} 为随机扰动项。其余变量设定与式（4-4）相同，本模型在企业层面进行聚类标准误。

由于企业投资决策会受到前期投资行为的惯性影响，因此本部分依然引入被解释变量企业投资的滞后项，同时为避免变量间可能存在内生性问题，采用 system-GMM 方法进行估计（Blundell & Bond，1998），并采

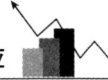

用异方差自相关稳健标准误进行统计推断。

如前所述,由于数字金融强化了标准化信息的获取,那么,新增银行对企业的信息获取成本与旧银行是无差异的,贷款银行增加说明标准化信息提升。所以,如果数字金融强化了标准化信息的收集,那么应当有:OPEN_REL 作为 BR 变量时,OPEN_REL×LR 的交互项系数 θ_3 应显著为负,DF×OPEN_REL×LR 三项交叉项系数 θ_4 也应为负。(2)如前所述,由于 DURA_REL 的变化表示银行获取非标准化信息的水平,那么如果数字金融弱化了企业获取非标准化信息的能力,那么应当有:当 BR 变量为 DURA_REL 时,DURA_REL×LR 的交互项系数 θ_3 应为负,但 DF×DURA_REL×LR 的系数 θ_4 应显著为正。

第三节 实证结果分析

表 7-2 显示了数字金融影响企业投资关于利率敏感性的异化效应检验结果。结果显示,数字金融一方面提高了银行对标准化信息的获取能力,从而增强了企业投资关于利率的敏感性;另一方面,银行对数字金融投入的增加没有导致银行非标准化信息获取的明显减少,企业投资对利率的敏感性没有因此出现显著下降。具体地,表 7-2 中列(1)为加入新增贷款银行虚拟变量(OPEN_REL)后的估计结果,结果显示,OPEN_REL 与企业贷款利率 LR 的交互项符号为负,并在统计上显著,估计系数为 -0.0502,说明新增贷款银行有利于缓解企业面临的信贷配给,提高企业投资对利率的敏感度,此结果与(Detragiache et al.,2000;Angori et al.,2020)的研究结果相符。进一步地,加入 DF 后的交互项 DF×OPEN_REL×LR 系数为 -0.0591,并在 1% 的水平上显著,说明数字金融的运用有利于企业新增贷款银行,对企业投资关于利率的敏感性

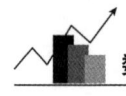

具有显著的正向效应。此结果说明数字金融确实可以减少"标准化信息"的获取成本,缓解与新增贷款企业的信息不对称程度,弱化企业可能面临的信贷配给,提高投资对利率的敏感性。

表 7-2　　　　　　　　数字金融的异化效应检验

变量	被解释变量：Invest	
	(1)	(2)
$Invest_{-1}$	0.7469 ***	0.7659 ***
	(0.0228)	(0.0197)
LR	-0.0029	-0.0027
	(0.0037)	(0.0032)
DF	0.1301 ***	0.1377 ***
	(0.0109)	(0.0113)
Cash	0.4004 **	0.7695 ***
	(0.1902)	(0.1216)
DF × LR	-0.0319 ***	-0.0244 ***
	(0.0033)	(0.0035)
DF × Cash	-0.1537	-0.3720 **
	(0.3158)	(0.1899)
OPEN_REL × LR	-0.0502 ***	
	(0.0147)	
DURA_REL × LR		-1.2912 ***
		(0.4532)
DF × OPEN_REL × LR	-0.0591 ***	
	(0.0189)	
DF × DURA_REL × LR		0.3476
		(0.2128)
OPEN_REL × Cash	-0.0402 ***	
	(0.0071)	
DURA_REL × Cash		-0.0295 **
		(0.0136)
DF × OPEN_REL × Cash	-0.0336 *	
	(0.0155)	

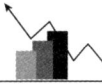

续表

变量	被解释变量：Invest	
	(1)	(2)
DF × DURA_REL × Cash		0.5734 (0.4213)
Constant	-0.0551** (0.0272)	-0.1531*** (0.0339)
观测值	10652	10652
控制变量	是	是
个体效应	是	是
Hansen test	0.158	0.160
AR (1)	0.067	0.071
AR (2)	0.253	0.255

注：①***、**、*分别表示在1%、5%、10%的水平上显著；②括号内为标准误；③AR（1）和 AR（2）检验分别给出了模型残差项一阶差分的一阶和二阶自相关检验的 P 值；Hansen 检验列出了工具变量过度识别的 P 值。

表7-2列（2）为加入主银行关系持续时间（DURA_REL）作为 BR 变量的式（7-1）估计结果，结果显示，主银行关系持续时间（DURA_REL）与贷款利率（LR）的交互项系数符号为负，与贷款利率一致，并在1%的水平上显著，此估计结果与伯杰和尤德尔（Berger & Udell, 2002）、甘巴科尔塔（Gambacorta, 2016）研究结果相符，意味着提高"非标准化信息"获取水平有利于强化企业投资对利率的敏感性。进一步加入数字金融变量 DF 后，DF × DURA_REL × LR 的估计系数在统计上均不显著，结果说明银行发展数字金融总体上没有明显降低银行通过维护关系获取的非标准化信息的水平，但也没有提高对"非标准化信息"的处理能力，企业投资关于利率敏感性没有因此发生明显改变。

此外，以上结论也可以通过企业现金流的交互项估计结果中得到验证：两个信息获取类型的代理变量与 Cash 的交互项系数都在统计上负向显著，但同时列（1）的三项交互系数（-0.0336）在5%的水平上显著，而列（2）中的三项交互系数则并不显著。综合以上估计结果可以发

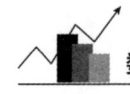

现，数字金融对企业投资关于利率的敏感性主要是通过提高对"标准化信息"的获取能力而实现的，而对银行获取非标准化信息的能力没有产生显著影响，所以没有明显改变银行通过维护关系获取非标准化信息对企业贷款的积极作用。

第四节 稳健性检验

一、替换核心解释变量测度指标

本部分将被解释变量替换成狭义的投资范畴，即采用新增固定资产的对数作为投资的代理变量对式（7-1）进行稳健性检验。此外，也将核心解释变量数字金融的衡量指标替换成"北京大学普惠数字金融指数"，替换核心解释变量指标后的稳健性检验结果如表7-3所示。由结果可见，主要关注变量结果与基准回归大致相同，说明结果是稳健的。

表7-3　替换核心解释变量后对分效应的稳健性检验结果

变量	被解释变量：Invest	
	（1）	（2）
$Invest_{-1}$	0.7513 *** (0.0268)	0.7665 *** (0.0203)
LR	-0.0028 (0.0031)	-0.0029 (0.0032)
DF	0.1274 *** (0.0142)	0.1375 *** (0.0109)
Cash	0.3952 ** (0.1871)	0.7734 ** (0.3151)
DF × LR	-0.0317 *** (0.0028)	-0.0246 *** (0.0035)

续表

变量	被解释变量：*Invest*	
	（1）	（2）
$DF \times Cash$	-0.1512 (0.3103)	-0.3934* (0.2342)
$OPEN\_REL \times LR$	-0.0528*** (0.0154)	
$DURA\_REL \times LR$		-1.1927*** (0.4504)
$DF \times OPEN\_REL \times LR$	-0.0549*** (0.0192)	
$DF \times DURA\_REL \times LR$		0.3240 (0.2019)
$OPEN\_REL \times Cash$	-0.0395*** (0.0072)	
$DURA\_REL \times Cash$		-0.0294** (0.0138)
$DF \times OPEN\_REL \times Cash$	-0.0313** (0.0144)	
$DF \times DURA\_REL \times Cash$		0.5655 (0.4212)
Constant	-0.0529 (0.0410)	-0.1534*** (0.0318)
观测值	9571	9571
控制变量	是	是
个体效应	是	是
Hansen test	0.156	0.176
AR（1）	0.089	0.088
AR（2）	0.201	0.195

注：①***、**、*分别表示在1%、5%、10%的水平上显著；②括号内为标准误；③AR（1）和 AR（2）检验分别给出了模型残差项一阶差分的一阶和二阶自相关检验的 P 值；Hansen 检验列出了工具变量过度识别的 P 值。

二、考虑其他影响因素

为排除中国市场化水平提高对企业投资关于利率敏感性的影响，本书在原有控制变量的基础上，进一步引入中国利率市场化水平指标作为控制变量。参考蒋海等（2018），此指标主要从四个方面选取了12个指标：存贷款利率、货币市场利率、债券市场利率和理财产品收益率构建利率市场指标体系，并根据利率市场化改革的路径和程度，对各层次指标赋予不同的权重，最后进行加权和汇总，得到综合的利率市场化指数。本书在式（7-1）分别加入利率市场化控制变量后，回归结果基本保持不变（见表7-4）。

表7-4　　　　　考虑其他影响后对分效应的稳健性检验

变量	被解释变量：Invest	
	(1)	(2)
$Invest_{-1}$	0.7705*** (0.0217)	0.8041*** (0.0202)
LR	-0.0038 (0.0047)	-0.0032 (0.0049)
DF	0.1177*** (0.0118)	0.1274*** (0.0113)
Cash	0.6191** (0.2926)	1.0959*** (0.1203)
IRL	0.0213* (0.0124)	0.0288* (0.0153)
DF × LR	-0.0331*** (0.0028)	-0.0251*** (0.0042)
DF × Cash	-0.0895** (0.0444)	-0.3951** (0.1689)
OPEN_REL × LR	-0.0640*** (0.0165)	
DURA_REL × LR		-0.6541** (0.2969)

续表

变量	被解释变量：Invest	
	（1）	（2）
$DF \times OPEN\_REL \times LR$	-0.0711*** （0.0189）	
$DF \times DURA\_REL \times LR$		0.3664 （0.3031）
$OPEN\_REL \times Cash$	-0.0399*** （0.0071）	
$DURA\_REL \times Cash$		-0.0357** （0.0141）
$DF \times OPEN\_REL \times Cash$	-0.0561*** （0.0130）	
$DF \times DURA\_REL \times Cash$		0.1023 （0.5271）
Constant	-0.0276 （0.0301）	-0.1409*** （0.0312）
观测值	10652	10652
控制变量	是	是
个体效应	是	是
Hansen test	0.205	0.204
AR（1）	0.073	0.071
AR（2）	0.211	0.197

注：①***、**、*分别表示在1%、5%、10%的水平上显著；②括号内为标准误；③AR（1）和AR（2）检验分别给出了模型残差项一阶差分的一阶和二阶自相关检验的P值；Hansen检验列出了工具变量过度识别的P值。

第五节 进一步分析

一、不同投资水平的差异影响

由于企业在不同投资水平对利率的敏感性可能存在差异，数字金融

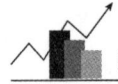

对企业投资敏感性的影响也会因此呈现动态变化,但采用 GMM 方法只能检验数字金融影响企业投资对利率敏感性变化的平均效应,因此本部分采用动态面板分位数回归①以刻画不同投资水平下数字金融对企业投资关于利率敏感性的边际效应动态演变轨迹。由于数字金融技术对不同信息的处理能力差异,那么随着分位数的提高,投资占资产比重越大,银行通过数字技术可以获得的有效信息增量越少,贷款损失的风险应随之上升,因此银行运用数字金融发挥的正向效应将趋于下降。

表 7-5 为借鉴鲍威尔(Powell,2022)构建的 QRPD 模型②(Quantile Regression for Panel Data with Nonadditive Fixed Effects)的检验结果。结果显示,在企业不同投资水平上,数字金融对企业投资关于利率的敏感性绝大部分存在显著影响,但影响程度存在一定差异,整体呈现出"U"型的演化趋势。具体而言,对于贷款利率,当分位数位置介于 0.1 与 0.9,LR 的边际影响显著但绝对值不断下降至 -0.0021,但 0.9 分位数又上升至 -0.1934。类似地,数字金融对企业投资关于利率敏感性也在 0.1~0.9 分位数之间影响非常显著(分别为 -0.0600、-0.0391、-0.0116、-0.0158),绝对值呈现趋于下降的趋势,但至 0.9 分位数时为正且不显著。原因可能在于当企业投资水平超过一定阈值时,企业投资风险陡增,导致银行贷款发生损失的概率大幅增加,此时银行通过运用数字金融获

---

① 与传统的估计方法相比,动态面板分位数回归具有如下优点:第一,残差绝对值求和方法的估计结果不易受到异常值影响,估计结果具有更强的稳健性;第二,能够捕捉分布的尾部特征,可以更全面地刻画自变量对因变量影响的分布特征。

② 基于一般分位数回归的基本思想,进一步将分位数回归方法与面板数据相结合,采用固定效应的惩罚最小二乘估计方法进行模型的参数估计,但采用此种传统面板分位数回归方法随机扰动项会被固定效应项分解为不同的部分,导致难以准确解释各分位数上的估计结果。为此,本书采用非可加固定效应面板分位数回归(quantile regression for panel data with nonadditive fixed effects,QRPD)对式(7-1)进行估计,此种方法将模型的固定效应包含在随机扰动项中以确保随机扰动项无法被分割,从而使估计结果更加稳健。但动态面板分位数回归可能存在对于小 T 大 N 数据存在非附加固定效应导致的识别问题,工具变量有效性问题以及模型难以解释的问题。对此本书采用了 Bootstrap 方法估计模型的标准误差,提高估计的稳定性。最后,将分位数估计结果图形化提高模型估计结果的解释力。

得的"标准化信息"也无法进一步降低查证成本,即数字金融对贷款利率的影响会随之弱化,所以当投资水平过高时,数字金融对于企业投资关于利率敏感性无法产生显著影响。

表7-5　　　　　　　　　动态面板分位数回归结果

变量	0.1	0.25	0.5	0.75	0.9
	(1)	(2)	(3)	(4)	(5)
$Invest_{-1}$	0.5391***	0.7619***	0.9694***	1.0093***	0.8961***
	(0.0256)	(0.0205)	(0.0069)	(0.0084)	(0.0359)
LR	-0.0257***	-0.0162***	-0.0033***	-0.0021*	-0.1934***
	(0.0018)	(0.0009)	(0.0010)	(0.0012)	(0.0045)
DF	0.1751***	0.0918***	0.0219***	0.0222***	0.0258***
	(0.0085)	(0.0080)	(0.0031)	(0.0028)	(0.0073)
$Cash$	0.5401***	0.2931***	0.1039***	0.1643***	0.1701**
	(0.0774)	(0.0575)	(0.0221)	(0.0324)	(0.0692)
$DF \times LR$	-0.0600***	-0.0391***	-0.0116***	-0.0158***	0.0055
	(0.0024)	(0.0017)	(0.0010)	(0.0014)	(0.0034)
$DF \times Cash$	-0.5841***	-0.3205***	-0.1055***	-0.1782***	-0.2037*
	(0.0965)	(0.0714)	(0.0279)	(0.0417)	(0.1078)
$Constant$	-0.0069	0.0128	0.0068	0.0210**	0.2849**
	(0.0211)	(0.0124)	(0.0051)	(0.0091)	(0.1418)
观测值	10652	10652	10652	10652	10652
控制变量	是	是	是	是	是
个体效应	是	是	是	是	是

注:①***、**、*分别表示在1%、5%、10%的水平上显著;②括号内为标准误;③AR(1)和AR(2)检验分别给出了模型残差项一阶差分的一阶和二阶自相关检验的P值。

此外,分位数检验结果也显示企业投资对现金流的依赖也呈现出非线性的演化趋势(见图7-1)。这表明,企业投资对现金流的敏感性也存在一个门槛值,当企业投资水平过高时,银行运用数字金融对风险溢价的作用降低,数字金融对减轻企业投资对于现金流敏感性的作用显著性明显下降。以上结果也说明,数字金融运用的效果也存在一定的局限性,

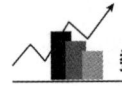

当企业投资水平超过一定的阈值,信息的获取也无法显著减少贷款的风险溢价,企业投资需要更多依赖自有现金流,对利率的敏感性也随之减弱。

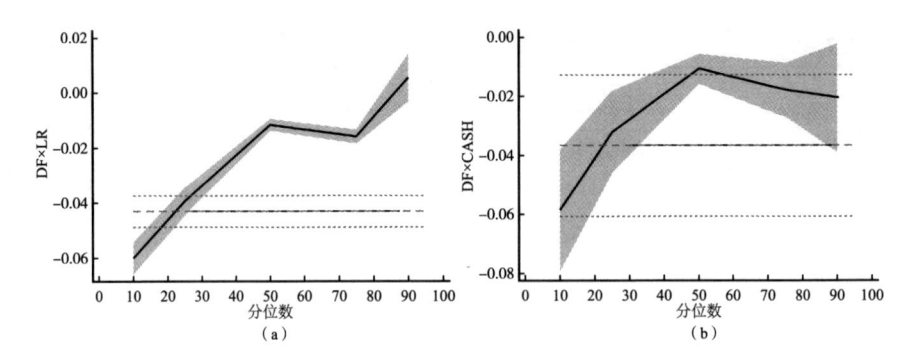

图 7-1　不同投资分位数下数字金融与长期利率和现金流的交互效应

注:(a)为数字金融条件下,利率对不同分位数下企业投资的影响差异;(b)为数字金融条件下,现金流对不同分位数下企业投资的影响差异。

二、不同所有制银行的差异影响

中国银行体系的一个显著特征是商业银行所有制的差异。我国的商业银行,除六大国有商业银行外,其余商业银行均为非国有银行,包括股份制银行、民营银行、外资银行等。虽然国有商业银行数量极少,但截至2021年底,国有银行的总资产合计145.47万亿元,占据了全国银行业总资产的42.2%。陈等(Chen et al.,2018)指出,中国的国有银行和非国有银行之间的区别主要是制度上的,即中央政府对国有银行的直接控制使它们的行为与非国有银行不同。有研究指出,股份制银行相比国有银行在贷款上更为谨慎,国有银行会由于政策需要而增加贷款,企业的偿还能力与是否得到贷款关系并不显著(Lin & Zhang,2009;Yuan et al.,2022)。由于受到制度约束,国有银行的贷款决策往往不符合经济学理性人假设,因此对企业的贷款利率并不能反映资金的机会成本,即资金价格决策发生了扭曲,此时的利率不能发挥市场信号作用,企业投资关于

第七章 异质信息视角下数字金融对货币政策利率渠道影响的异化效应

贷款利率的敏感性也将被减弱。

从表7-6的结果可以看出,以国有银行作为主银行的企业,数字金融对投资的利率敏感性虽有影响,但相对于非国有银行为主银行的企业显著性明显减弱,此外两类银行发展数字金融都不能显著改变银行关系贷款对利率敏感度的作用。从列(1)至列(4)也可以看出,两个信息获取类型变量与贷款利率的交互项系数的估计结果显示,以国有银行作为主银行的企业,无论系数显著性还是绝对值都明显弱于以非国有银行为主银行的企业。此外国有银行样本组交互项 $DF \times OPEN\_REL \times LR$ 的系数绝对值和显著性也明显弱于非国有银行贷款的企业,$DF \times DURA\_REL \times LR$ 的系数在两个样本组统计上也均不显著。以上结果说明所有制不同的银行通过运用数字金融可以提高企业投资对利率的敏感性,但对以国有银行为主银行的企业影响明显弱于非国有银行为主银行的企业,以上结论从数字金融对投资关于现金流的敏感性回归结果中也可以得到证实。

表7-6　　　　　　　　　　　银行所有制影响差异

变量	(1) 国有银行	(2) 非国有银行	(3) 国有银行	(4) 非国有银行
$Invest_{t-1}$	0.2696** (0.1089)	0.0228 (0.0665)	0.2209*** (0.0791)	0.0245 (0.0521)
LR	-0.1001* (0.0526)	-0.2941* (0.1633)	-0.0497** (0.0219)	-0.2501* (0.1369)
DF	0.4764* (0.2278)	0.5693** (0.2429)	0.4205* (0.2276)	0.4672 (0.2971)
$Cash$	2.5307** (1.0563)	1.5051*** (0.4167)	2.3123*** (0.8982)	0.9152* (0.5013)
$DF \times LR$	-0.2612** (0.1135)	-0.5343*** (0.2007)	-0.2761** (0.1101)	-0.3992* (0.2331)
$DF \times Cash$	-1.7948* (0.9879)	-1.1695** (0.5383)	-1.4838* (0.8173)	-1.2426** (0.6235)

续表

变量	(1) 国有银行	(2) 非国有银行	(3) 国有银行	(4) 非国有银行
$OPEN\_REL \times LR$	-0.0798** (0.0389)	-0.2534 (0.1242)		
$DURA\_REL \times LR$			-0.5546 (1.7570)	-0.7821*** (0.1053)
$DF \times OPEN\_REL \times LR$	-0.0512* (0.0301)	-0.1205** (0.0532)		
$DF \times DURA\_REL \times LR$			0.1281 (0.1252)	0.8517 (0.9998)
$OPEN\_REL \times Cash$	-0.0085** (0.0039)	-0.0053*** (0.0020)		
$DURA\_REL \times Cash$			0.0124 (0.0431)	-0.0762* (0.0425)
$DF \times OPEN\_REL \times Cash$	-0.0502 (0.0481)	-0.0793** (0.0348)		
$DF \times DURA\_REL \times Cash$			0.0964 (0.2742)	0.0619 (0.2246)
控制变量	是	是	是	是
固定效应	是	是	是	是
观测值	3479	6973	3479	6973
Hansen test	0.190	0.189	0.193	0.188
AR(1)	0.034	0.038	0.034	0.037
AR(2)	0.138	0.133	0.139	0.135
系数差异P值	0.025		0.027	

注：①系数组间差异检验的P值采用费舍尔组合检验（抽样1000次）计算得到。（下同）②***、**、*分别表示在1%、5%、10%的水平上显著；③括号内为标准误；④AR（1）和AR（2）检验分别给出了模型残差项一阶差分的一阶和二阶自相关检验的P值；Hansen检验列出了工具变量过度识别的P值。

以上结果意味着，以国有银行为主银行的企业，银行数字金融的运用对企业投资关于利率的敏感性影响较弱，原因在于制度因素导致国有银行没有充分发挥金融中介"信息生产"的功能，此类银行对于企业贷款利率的定价更多基于政府战略的需要,而不是贷款项目的风险,贷款利率没有发挥市场资金价格信号的作用,所以数字金融的运用对于以国有银行为主银行的企业投资关于利率的敏感性影响较弱。

三、不同所有制企业的差异影响

已有文献普遍认为,中国企业的所有制结构对企业的经营决策具有显著影响:一方面,由于部分国有企业存在"所有者缺位"和"内部人控制"等公司治理缺陷,导致其存在较为严重的委托代理问题,妨碍了现代公司治理制度的建立和运行(郑志刚,2016;卢锐等,2011);另一方面,由于中国地方政府面对的公共管理任务和政治晋升等目标与企业的利润最大化目标并不一致,导致地方政府可能干预国有企业的经营决策,从而使国有企业投资逐利性被压制,加上国有企业具有政府的信用背书,在同等条件下相对于非国有企业反而更易于获得银行贷款,以上因素都导致国有企业的贷款利率并不能反映资金的机会成本,资金价格发生扭曲。因此相对于非国有企业,国有企业投资对于贷款利率的敏感性可能明显减弱,那么在外部环境因素不变的情况下,数字金融的运用可能无法对国有企业投资关于利率敏感性产生显著影响。

表 7-7 为针对国有企业和民营企业的分组回归结果。此表中的回归结果显示,对于国有企业,数字金融的运用没有显著提高企业投资关于利率的敏感性,此外,数字金融对于两类企业而言,都不能改变关系型贷款下投资对利率敏感度的影响。具体而言,国有企业分组下列(1)显示,$DF \times OPEN\_REL \times LR$ 的交互项系数不显著,但民营企业分组的列(2)系数则在 1% 水平上显著。对比列(3)和列(4)也可以发现,两个样本组的 $DF \times DURA\_REL \times LR$ 的系数均不显著。以上结果说明数字金融的运用一方面没有通过提高标准化信息的获取水平来优化国有企业投

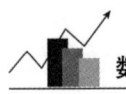

资对利率敏感性，另一方面没有对传统关系型贷款产生影响。最后，数字金融关于企业现金流的回归结果与利率的回归结果相符，也基本验证了以上观点。

表7-7　　　　　　　　企业所有制结构的影响差异

变量	(1) 国有企业	(2) 民营企业	(3) 国有企业	(4) 民营企业
$Invest_{t-1}$	0.5296 *** (0.1457)	0.4865 *** (0.1043)	0.5104 *** (0.0610)	0.4204 *** (0.0872)
LR	-0.0477 (0.1075)	-0.0201 * (0.0105)	-0.0369 * (0.0198)	-0.0211 * (0.0114)
DF	0.0915 (0.0829)	0.0019 (0.0334)	0.1302 *** (0.0347)	0.0461 (0.0345)
$Cash$	0.5201 (0.3402)	1.4985 *** (0.5782)	0.5059 ** (0.2241)	1.5807 *** (0.4112)
$DF \times LR$	-0.0349 (0.0282)	-0.3214 *** (0.1011)	0.0336 (0.0295)	-0.2485 *** (0.0871)
$DF \times CASH$	0.7951 (0.4923)	-0.5631 ** (0.2742)	-0.6501 (0.4934)	-0.6521 ** (0.3105)
$OPEN\_REL \times LR$	-0.0604 (0.0666)	-0.2250 ** (0.1022)		
$DURA\_REL \times LR$			-0.6531 * (0.3774)	-0.3342 ** (0.1512)
$DF \times OPEN\_REL \times LR$	-0.0523 (0.0658)	-0.0289 *** (0.0048)		
$DF \times DURA\_REL \times LR$			0.5048 (0.3315)	0.5312 (0.9681)
$OPEN\_REL \times Cash$	0.0125 (0.1537)	-0.0316 ** (0.0152)		
$DURA\_REL \times Cash$			-0.0093 * (0.0054)	-0.1162 ** (0.0571)
$DF \times OPEN\_REL \times Cash$	-0.0642 (0.0927)	-0.1022 * (0.0554)		

续表

变量	(1) 国有企业	(2) 民营企业	(3) 国有企业	(4) 民营企业
$DF \times DURA\_REL \times Cash$			−0.0324 (0.2381)	−0.0253 (0.3472)
控制变量	是	是	是	是
个体效应	是	是	是	是
观测值	2634	7818	2634	7818
Hansen test	0.156	0.112	0.152	0.118
AR (1)	0.025	0.027	0.026	0.027
AR (2)	0.214	0.146	0.219	0.147
系数差异 P 值	0.014		0.018	

注：①***、**、*分别表示在1％、5％、10％的水平上显著；②括号内为标准误；③AR（1）和 AR（2）检验分别给出了模型残差项一阶差分的一阶和二阶自相关检验的 P 值；Hansen 检验列出了工具变量过度识别的 P 值。

由以上结果可以发现，与国有银行相似，受制度因素影响，国有企业的贷款资金价格无法反映资金的机会成本，因此数字金融的运用并没有对国有企业投资关于利率敏感性产生显著影响。

四、不同规模非国有企业的影响差异

一般而言，由于小企业抵押能力不足更容易遭遇信贷配给，数字金融的运用被认为有利于解决信息不对称问题，减少金融摩擦，因此更有利于提高中小企业投资对利率的敏感性。但也有研究指出，银行的关系型融资技术对于面临更严重的信息不对称问题的小公司放贷时特别有效，因为通过获取非标准化信息，改善了筛选和监督，有利于为信息不透明的借款人提供信贷（Beck et al.，2016）。费里（Ferri et al.，2019）和安戈里等（Angori et al.，2020）也指出，不同贷款技术以及非标准化信息

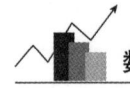

处理的优势对信贷获取的影响在不同规模企业之间存在显著差异。

由于数字金融主要改善的是银行对标准化信息的处理能力，并且数字金融的发展可能减少银行对于关系型贷款的人员配备，抑制了传统关系型贷款技术的优势，反而弱化了企业投资对于利率的敏感性。相反地，由于大型企业本身具有标准化信息优势，数字金融的运用可能进一步增强了大企业投资对利率的敏感性。因此，考虑到数字金融的运用对企业投资关于利率敏感性的影响在不同规模企业之间可能存在差异，本书将非国有企业样本继续根据不同行业规模划分标准进行分组，将非国有企业划分为大型企业和中小企业进行分组检验。

表7-8的回归结果显示，数字金融的运用更有利于提高大企业投资关于利率的敏感性，而对于小企业而言，传统的基于关系的技术更为有效，而数字金融的运用反而弱化了传统关系型融资对于企业投资关于利率敏感性的正向影响。对比列（1）和列（2）可以发现，大型企业的 $DF \times LR$ 的系数在10%的水平上显著，但中小企业分组的系数则不显著，说明数字金融并不能显著提高小企业投资对利率的敏感性。进一步的分效应分析结果显示，中小企业分组下，列（4）中 $DF \times OPEN\_REL \times LR$ 的系数在10%的水平上显著为负，而 $DF \times DURA\_REL \times LR$ 和的系数则在5%的水平上显著为正。以上结果说明数字金融的运用一方面有利于提高银行对中小企业的标准化信息获取水平，但另一方面也减弱了银行采用关系型贷款技术对企业非标准化信息的获取能力，所以，对于具有大量非标准化信息的中小企业而言，运用数字金融减少金融摩擦的积极效应被抑制，最终导致数字金融对企业投资关于利率的敏感性的正向效应减小。相反地，大型分组下，$DF \times OPEN\_REL \times LR$ 在5%的水平上显著为负，但 $DF \times DURA\_REL \times LR$ 的系数不显著，说明数字金融显著提高了对大型企业的标准化信息的获取水平，同时也没有对银行非标准化信息的获取产生显著影响，因此提高了投资关于利率的敏感性。

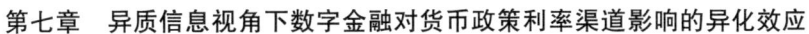

表7-8　　企业规模的影响差异

变量	（1）大型企业	（2）中小企业	（3）大型企业	（4）中小企业
$Invest_{t-1}$	0.4231*** (0.0612)	0.5842*** (0.0951)	0.4022*** (0.0691)	0.6136*** (0.1022)
LR	-0.0163 (0.0178)	-0.0092 (0.0333)	-0.0141 (0.0172)	-0.0263 (0.0215)
DF	0.0290* (0.0155)	0.0344 (0.0271)	0.0233 (0.0350)	0.0388* (0.0201)
$Cash$	0.7230*** (0.2297)	0.2088*** (0.0681)	0.7088*** (0.2522)	0.2187*** (0.0575)
$DF \times LR$	-0.0062* (0.0034)	-0.0590 (0.0316)	-0.0057* (0.0033)	-0.0804 (0.1192)
$DF \times CASH$	-0.1691* (0.0882)	0.2052 (0.2159)	-0.1959 (0.1522)	0.3382 (0.2021)
$OPEN\_REL \times LR$	-0.0681* (0.0351)	-0.0088* (0.0049)		
$DURA\_REL \times LR$			-0.0112* (0.0061)	-0.0832*** (0.0251)
$DF \times OPEN\_REL \times LR$	-0.0042** (0.0019)	-0.0561* (0.0318)		
$DF \times DURA\_REL \times LR$			0.1159 (0.1171)	0.3581** (0.1772)
$OPEN\_REL \times Cash$	-0.6467* (0.3729)	-1.0791 (0.9492)		
$DURA\_REL \times Cash$			-0.0305 (0.0521)	-0.0456* (0.0231)
$DF \times OPEN\_REL \times Cash$	-0.0227* (0.0121)	-0.0072 (0.1061)		
$DF \times DURA\_REL \times Cash$			0.0602 (0.0955)	0.0312* (0.0163)
控制变量	是	是	是	是
个体效应	是	是	是	是

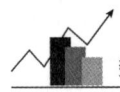

续表

变量	(1) 大型企业	(2) 中小企业	(3) 大型企业	(4) 中小企业
观测值	1752	6066	1752	6066
Hansen test	0.176	0.152	0.166	0.149
AR (1)	0.011	0.017	0.012	0.020
AR (2)	0.121	0.119	0.128	0.117
系数差异 P 值	0.081		0.035	

注：①***、**、*分别表示在1%、5%、10%的水平上显著；②括号内为标准误；③AR（1）和 AR（2）检验分别给出了模型残差项一阶差分的一阶和二阶自相关检验的 P 值；Hansen 检验列出了工具变量过度识别的 P 值。

以上结果说明，虽然银行可以运用数字金融提高对于中小企业标准化信息的获取能力，但对于具有丰富的非标准化信息的中小企业而言，关系型贷款技术可能对投资的积极作用更为显著，因此关系型贷款技术投入的减少明显削弱了数字金融的积极影响。与传统的观点不同，数字金融可能存在"普惠悖论"，意图通过发展数字金融以缓解小企业面临的金融摩擦，实际效果可能是有限的。

五、不同地区企业的差异影响

由于中国区域经济发展失衡，市场化水平①也呈现出由东部向西部不断递减的情况（见图7-2）。一方面，缺乏竞争和基础设施的市场化水平较低的地区，商业银行对数字金融的运用可能对信息不对称问题的解决效果更为明显，从而对减少金融摩擦产生更强的正向边际效应；但另一方面，由于信贷决策信息包括了标准化信息和非标准化信息，在市场化

---

① 本部分采用中国国民经济研究所编制的中国分省份市场化指数（1997~2019）作为衡量中国市场化水平的指标，该指标由政府与市场的关系、非国有经济发展、产品市场的发育程度、要素市场的发育程度、市场中介组织的发育和法治环境五个方面的评分组成，是最广泛采用的衡量中国市场化水平的指标。

第七章 异质信息视角下数字金融对货币政策利率渠道影响的异化效应

水平较低的地区，银行更多利用传统关系型融资的优势获取非标准化信息，所以数字金融的运用可能并不利于解决此类地区的信息不对称问题，而市场化水平高的地区则相反。此外，由于市场化水平较低的地区，企业的投资决策可能更多地受到非市场因素的影响，如地方政府出于自身政绩需要对企业投资的干预（Chen et al., 2011；Deng et al., 2020），导致企业投资关于利率的敏感性减弱。所以，相较于市场化水平较高的地区的企业，数字金融对投资关于利率敏感性的影响可能更不明显，与一般所认为的数字金融有利于促进平等的观点相悖。对此，本书基于企业注册地所在省份①，将企业分为东部企业、中部企业和西部企业进行分组检验，以探究数字金融对货币政策利率渠道传导效果的影响是否会因地域市场化水平而呈现异质性。

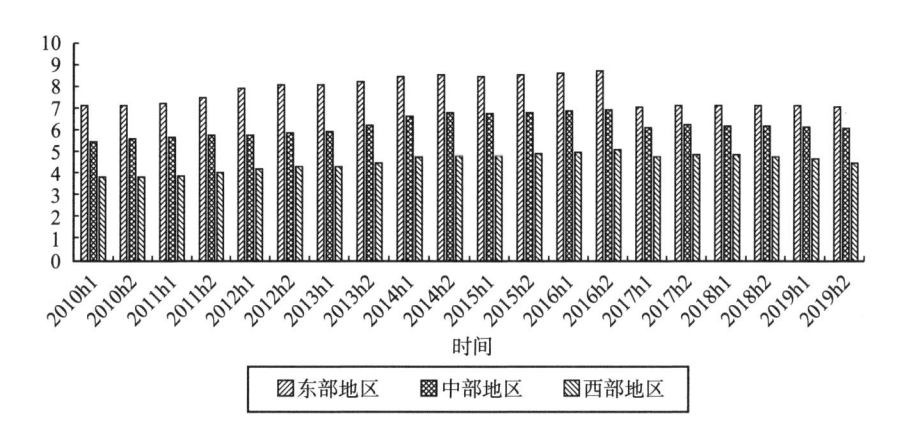

图7-2　中国东中西部地区市场化水平发展差异与趋势（2010~2020年）
资料来源：中国省级市场化指数，为中国国民经济研究院编制。

表7-9的回归结果显示数字金融的运用可以显著提高东部和中部地区企业投资关于利率的敏感性，但对于西部地区而言，非标准化信息的

---

① 中国的东部地区省份包括北京、天津、河北、辽宁、上海、江苏、浙江、福建、山东、广东、广西；中部省份包括黑龙江、吉林、山西、安徽、江西、河南、湖北、湖南、陕西、内蒙古、四川、重庆；西部省份包括新疆、西藏、青海、云南、贵州、宁夏、甘肃。

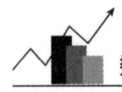

获取对敏感性的影响更为重要。具体而言，从列（1）~列（3）可以看出，$DF \times OPEN\_REL \times LR$ 的系数也呈现出中部地区绝对值最大，统计显著性最强，东部次之，而西部最弱的特点，说明数字金融通过新增贷款银行降低了信息不对称程度，但并非在市场化程度最低的落后地区最为有效。此外，从列（4）~列（6）可以发现，显示 $DF \times DURA\_REL \times LR$ 的系数在东部和中部地区组别中不显著，但是在西部地区组别中统计上显著为正，说明数字金融的运用反而显著减弱了银行通过关系型融资对西部地区企业投资利率敏感性产生的积极作用。

表7-9　　　　　　　　　东中西部企业的影响差异

变量	(1)东部	(2)中部	(3)西部	(4)东部	(5)中部	(6)西部
$Invest_{t-1}$	0.0420 (0.0332)	0.2671* (0.1595)	0.1595 (0.1471)	0.0805** (0.0392)	-0.0201 (0.4672)	0.2440*** (0.0915)
LR	-0.0305 (0.0341)	-0.1679 (0.1401)	-0.2188 (0.2461)	-0.0817** (0.0411)	-0.0481 (0.0440)	-0.1172 (0.1075)
DF	0.1992*** (0.0461)	0.3701** (0.1505)	0.4481 (0.2804)	0.1352*** (0.0492)	0.0387 (0.0670)	0.3361** (0.1622)
$Cash$	1.9268*** (0.3322)	1.3596 (1.1692)	0.9046** (0.4053)	1.0107*** (0.2848)	1.3951*** (0.3032)	0.4130 (0.8751)
$DF \times LR$	-0.2142 (0.1623)	-0.3609 (0.3311)	-0.2512 (0.2186)	-0.3312* (0.1917)	-0.0016 (0.2201)	-0.4113 (0.3102)
$DF \times Cash$	-0.1714 (0.1457)	-0.3731** (0.1547)	-0.3362 (0.3911)	0.0257 (0.1332)	-0.0164 (0.1251)	-0.1664 (0.1401)
$OPEN\_REL \times LR$	0.1101 (0.1050)	0.5008** (0.2512)	0.4736 (0.5221)			
$DURA\_REL \times LR$				-8.6482* (4.5223)	-0.0992*** (0.0375)	-0.2682** (0.1243)
$DF \times OPEN\_REL \times LR$	-0.0780** (0.0321)	-0.4772** (0.2137)	-0.5691* (0.3073)			

续表

变量	(1) 东部	(2) 中部	(3) 西部	(4) 东部	(5) 中部	(6) 西部
$DF \times DURA\_REL \times LR$				-0.3967 (0.4841)	0.6203 (0.4095)	0.6064* (0.3232)
$OPEN\_REL \times Cash$	0.0292 (0.0474)	-0.0282 (0.1101)	-0.0609 (0.2322)			
$DURA\_REL \times Cash$				0.0142 (0.1153)	-0.0437 (0.1262)	-0.3611 (0.4395)
$DF \times OPEN\_REL \times Cash$	-0.6049* (0.3309)	-0.4582*** (0.1389)	-0.5406** (0.2367)			
$DF \times DURA\_REL \times Cash$				0.5771 (0.3970)	0.5724 (0.4639)	0.4511* (0.2402)
控制变量	是	是	是	是	是	是
个体效应	是	是	是	是	是	是
观测值	8224	3019	1203	8224	3019	1203
Hansen test	0.191	0.204	0.168	0.195	0.201	0.169
AR(1)	0.044	0.026	0.019	0.041	0.023	0.018
AR(2)	0.110	0.119	0.102	0.111	0.117	0.104

注：①***、**、*分别表示在1%、5%、10%的水平上显著；②括号内为标准误；③AR(1)和AR(2)检验分别给出了模型残差项一阶差分的一阶和二阶自相关检验的P值；Hansen检验列出了工具变量过度识别的P值。

综合以上结果可以发现，对于市场化程度最低的地区，数字金融发展并不能最大限度地发挥它的优势，原因可能在于市场化程度较低的地区，企业更多依赖银行关系型融资，即通过提供非标准化信息获得的贷款，所以运用数字金融降低这类地区企业的金融摩擦的积极效果被抑制。经济意义上说明，发挥银行传统关系型融资的优势，获取非标准化信息，对于减少市场化程度低的企业面临的金融摩擦可能更为有效，这也可能意味着，数字金融的发展对于平衡地区发展的促作用也是受限的。

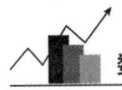

第六节 本章小结

　　基于中国上市公司面板数据，本章采用多种实证方法分析了银行运用数字金融对货币政策利率渠道传导结果的异化效应。首先，本章设定投资现金流模型估计了数字金融影响企业投资关于利率敏感性的总效应，并围绕银行运用数字金融和传统关系型贷款在获取信息类别方面存在的差异优势，具体分析了数字金融的运用对企业投资关于利率的敏感性可能存在的两种相反的分效应，并进一步基于企业投资水平，银行和企业的所有制，非国有制企业规模和市场化水平五个角度对问题展开进一步的讨论。

　　本章发现，银行对数字金融的运用总体上可以提高企业投资关于利率的敏感性，同时也弱化了企业投资对于现金流的依赖。此外，对于分效应的估计结果显示，来自数字金融的运用显著提高了银行获取标准化信息的能力，但同时对在获取非标准化信息方面具有独特优势的关系型贷款没有产生显著的负面影响。通过进一步的分析本书发现，当企业的投资水平居于九分位以上时，数字金融对企业投资关于利率的敏感性将不能产生显著影响。基于异质性分析结果显示，所有制不同导致的数字金融的影响存在明显差异，国有银行运用数字金融提高企业投资关于利率敏感性的效果弱于非国有银行，而数字金融对国有企业投资关于利率敏感性并没有产生显著影响。此外，由于关系型贷款技术更有利于解决中小企业信息不对称的问题，导致银行运用数字金融对中小企业投资关于利率的敏感性被较大程度地弱化。最后，本部分还对东中西部地区企业进行异质性分析，结果显示，市场化水平较低的西部地区，数字金融对企业投资关于利率敏感性的积极影响被抑制，且被抑制的程度强于市场化水平较高的东中部地区。

随着数字金融被传统金融行业采用，银行对数字金融的投入迅速增加，这为降低信息不对称，减少企业面临的金融摩擦提供了宝贵的机会，但同时也可能减弱银行通过传统关系型贷款技术获取"非标准化信息"的优势，因此对企业投资关于利率敏感性的影响是不确定的。研究结果表明，虽然数字金融总体上可以改善银企间信息不对称程度，提高货币政策利率渠道传导效果，但存在明显的异化效应，包括对尾端客户融资难问题的解决存在局限性。所以，本书的研究具有另一层的经济含义，从完善中国金融市场化程度的角度来说，数字金融这种新技术的作用是有限的，持续的市场化制度改革或许是更重要的因素。

第八章 Chapter 8

异质银行视角下数字金融对货币政策利率渠道影响的分布效应

　　本书第七章主要基于数字金融的技术特征，从信贷市场信息异质的视角探讨了数字金融对关系型贷款技术和交易型贷款技术的影响机制差异，从中揭示了数字金融对货币政策利率渠道传导可能产生异化效应的问题。但该章节主要基于数字金融的技术特征展开研究，结合第六章和第七章的研究内容，数字金融关于货币政策利率渠道影响的异质研究，已经围绕主要作用对象（贷款企业）和作用主体（数字金融）的特质展开了探讨，但仍缺少对影响传导的作用中介：金融机构的异质性进行考察。而作为货币政策利率渠道最重要的传导中介：商业银行，其不仅是数字金融的主要运用主体，也是利率渠道中的关键传导节点。可见的是，不同规模特征的银行具备的贷款技术优势不同，所面对的信贷市场质量也不同，企业的信息结构存在差异。因此，不同规模银行运用数字金融可能对于其信贷市场质量的提升产生不同影响。此外，数字金融作为一

第八章　异质银行视角下数字金融对货币政策利率渠道影响的分布效应

种信息技术，本身具有规模成本节约效应，那么，不同规模银行运用数字金融产生的规模经济效应也将存在差异。结合以上两者可知，数字金融的运用可能产生基于银行规模差异的异质效应，即导致货币政策利率渠道产生基于银行规模分布的传导效果。有鉴于此，本章节将基于异质银行的视角对数字金融发展关于货币政策利率渠道传导的影响进行拓展分析，以此系统地完成围绕研究主题中的各个关键对象，对可能影响传导的异质特征的完整探讨。

第一节　问题的提出

由于金融市场的不完美性，银企之间面临的信息不对称问题使得银行的贷款决策往往不是取决于收益和成本的比较，而是企业提供抵押品的能力。而数字金融作为一种迅猛发展的信息技术，虽然发源于传统金融机构之外，但商业银行数字化通过数字化交易平台和信息服务平台建设，网络化管理和数字化金融产品设计，不仅从内部改变了银行对信息的处理和获取能力，还改变了银行的风险管理方式。所以，已有研究普遍认为商业银行数字化将改善银企之间面临的信息不对称问题，缓解信贷市场的金融摩擦，从而改善企业面临的信贷配给问题，缓解融资约束，提高企业投资对利率的敏感性。因此，与传统金融结构变迁不同，作为货币政策传导的重要介质，商业银行数字化这种新型的金融结构变化也会改变银行对货币政策冲击的响应，进而影响货币政策传导效果。

但根据第七章的分析可知，信贷市场存在标准化和非标准化两类信息，银行对于非标准化信息需要采用关系型贷款技术，对于标准化信息则采用交易型贷款技术。数字金融作为一种数字技术，虽然可以提高标准化信息的处理水平，却无法处理需要"意会"的非标准化信息。同时，

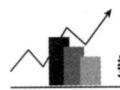

商业银行发展数字金融需要大量资金投入，关系型贷款技术的投入也随之减少，具体表现为银行在近几年发展数字金融期间，显著减少了银行物理网点和一线信贷业务员。CSMAR 数据库显示，2013~2022 年，随着数字金融的发展，中国银行业的分支机构和雇佣人员已分别减少了7.59%和32.91%。可见，银行在发展数字金融的同时，也在弱化银行在传统关系型贷款技术方面的人员和资金投入，从而减弱了对具备非标准化信息优势的企业融资的正向作用。

特别值得注意的是，由于不同规模银行面对不同质量的信贷市场，对于两种贷款技术的运用也具备不同的优势。研究普遍认为，中小银行具备非标准化信息处理优势，而大银行则在标准化信息处理方面更具优势（Berger & Udell，2006；李琳和粟勤，2011），由此，两种不同规模银行发展数字金融，对于各自面对的信贷市场金融摩擦问题的解决程度也将产生不同的影响。此外，数字信息技术还具有规模成本节约效应，即大型银行数字化运用将更大程度降低信息处理成本，所以，银行数字化可能对大型银行关于企业信贷配给的弱化作用更强。有鉴于此，本章将基于银行规模异质的视角，探讨数字金融发展对货币政策利率渠道传导效果的影响差异和机理。

第二节　理论分析与假设提出

一、信贷市场异质信息与不同规模银行的贷款技术差异

根据银企关系理论，信贷市场信息可分两类：一类体现为会计数字、书面和口头报告、法院可证实的文件等形式化的知识，以及通过分析其内容获得的知识。这类可标准化的信息可以通过编码获得和传输，属于

在开放网络或公司信息网络中流通的信息类型。另一类为隐性知识,体现为不能通过简单的编码(或数字化)信息而获得的知识,它需要通过在相关领域内"近距离接触"而产生,或通过特定的经验或由固有的个人素质和能力进而形成个人知识,这类信息称为不可标准化信息,它无法通过网络数字信号进行传输,也无法在公开市场上获取(Polanyi, 1966; Cotugno et al., 2013; Fiordelisi et al., 2013)。对于两类信息,银行依赖于不同的贷款技术,对于标准化信息主要依赖于交易型融资技术,由此形成的银行和企业之间的借贷关系属于交易型融资。但是,非标准化信息是一种基于社会资本的意会信息,银行需要采用传统的关系型贷款技术,如访问商业社区和商业利益相关者(包括供应商、客户和员工),以及通过银行存款和贷款或咨询与中小企业保持多维度的金融关系来获取和处理,由此形成的借贷方式属于关系型融资(Aoki & Dinc, 1997),而银行也被认为扮演了"内部债务人"的角色。

但对于不同规模的银行,其在处理不同类型的信息方面具备不同的优势,因此擅长于不同类型的融资技术。大部分研究认为,大型银行一是拥有更先进的技术和自动化信贷决策系统,这更有助于快速分析标准化的信用数据,提高交易型融资的效率和规模(De et al., 2010; Berger et al., 2014);二是大型银行能够可以利用其规模经济,降低交易成本,使得基于标准化信息的大型企业交易型融资更加高效(Cole et al., 2004; Craig & Hardee, 2007);三是大型银行具有更高的市场声誉,通过声誉机制可以吸引大量的优质的标准化融资交易(李琳和粟勤,2011)。可见,大型银行面对的信贷市场更多以标准化信息为主,银行通过发展交易型融资技术提高处理标准化信息的能力,进而提高具备标准化信息优势企业的融资水平。

相反地,与大型银行不同,中小银行则具有"小银行优势",即在为不具备标准化信息优势的中小企业贷款方面具有独特的优势。首先,中

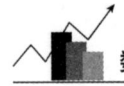

小银行通常经营范围较小，因此它们对于当地市场有更深入的了解，从而能够更直接地评估并理解本地中小企业运营，中小银行正通过这些"近距离接触"获取到更多的非标准化信息（Cotugno et al., 2013；Zhang et al., 2016）。其次，为维护自身竞争优势，中小型银行更倾向于与客户建立长期的合作关系，更积极参与当地社区活动，在当地金融市场建立信任和品牌忠诚度（Presbitero & Zazzaro, 2011）。此外，中小银行在贷款决策方面也更加灵活，可以考虑到中小企业特有的需求和特点，而不是严格依赖标准化的信贷评分模型，从而可以为中小企业提供量身定制的贷款解决方案（Fiordelisi et al., 2013）。综合以上优势可见，中小银行更多面对的是以非标准化信息为主的信贷市场，更善于运用关系型融资技术，从而提高具备非标准化信息优势企业的融资水平。

二、贷款技术优势差异与利率渠道的规模分布效应

数字金融作为一种信息技术，银行虽然可以通过发展数字金融，有效利用标准化信息，从而更有效地解决交易型融资的委托—代理问题（Gomber et al., 2018；李苍舒和沈艳，2019；黄益平和邱晗，2021），缓解企业的融资约束；但发展数字金融也会导致银行减少对关系型融资的投入，从而弱化银行通过利用非标准信息解决信息不对称市场的能力，进而强化具备非标准化信息优势企业的融资约束，弱化其投资对利率的敏感性。

结合不同规模银行在不同融资技术方面的优势可知，银行数字金融的发展将更有利于提高以标准化信息为主的信贷市场的信息处理能力，因此更有利于以交易型融资技术为主的大型银行提高其贷款目标企业融资水平；但相对而言，中小银行资产规模小于大型银行，更擅长通过长时间的接触处理非标准化信息，提高关系型融资水平，但因金融科技类技术的巨额投入，由此可能减少其对关系型贷款技术的投入，不利于提

高其以非标准化信息为主的企业融资水平。

三、边际成本规模递减与利率渠道的规模分布效应

作为一种信息技术，随着运用规模的扩大，数字金融技术运用所产生的边际成本是递减甚至是接近零的，具有规模报酬非递减的特点。而数字金融的这一特点会改变金融的市场结构，即数字金融在传统金融机构中的运用可能导致"赢者统吃"的强化垄断的结果，这会改变金融市场对外部冲击的响应方式，从而使得冲击通过金融市场而对实体经济产生异质性分布效应。具体而言，由于大型银行可以利用规模经济来分散数字金融投资的成本，即运用数字金融技术所产生的边际成本随运用规模的上升而下降，产生规模经济节约效应（Presbitero & Zazzaro，2011），因此相对于小型银行，大型银行能够更有效率地投资并运用数字金融技术。

结合不同规模银行在信息处理优势方面存在差异，大型银行相对于中小银行更善于采用交易型融资技术，而此类技术可以通过运用数字金融获得更大程度的提升，所以，相对于中小银行，大型银行运用数字金融不仅具有交易性融资增强效应，还存在规模经济节约效应。而数字金融的运用虽然也提高了中小银行处理标准化信息的能力，增加交易型融资水平，但中小银行主要优势在于处理和获取非标准化信息以提高关系型融资的能力，数字金融的运用一方面会降低中小银行在提高关系型融资技术方面的支出，另一方面运用数字金融的边际成本也高于大型银行。因此，在货币政策冲击下，大型银行相对于中小银行而言，不仅在提高交易型融资技术方面更具优势，在降低信息处理成本方面也更具优势，因此最终相对于中小银行而言，更有利于弱化大型银行缓解企业融资约束的能力，即强化了货币政策利率渠道的规模分布效应。

根据以上分析，本章提出以下假设：

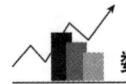

假设8-1：数字金融对货币政策利率渠道的影响存在关于银行规模的分布效应。

假设8-2：数字金融对不同类型信息的处理能力存在差异，导致数字金融对货币政策利率渠道传导产生关于银行规模的分布效应。

假设8-3：由于数字金融技术具有的规模成本节约效应，数字金融运用将强化货币政策利率渠道的银行规模分布效应。

第三节 实证研究设计

一、模型设定

(一) 假设8-1的模型设定

由于银行对数字金融的运用主要集中于银企间信贷市场，因此本书主要检验数字金融对货币政策利率渠道"银行贷款—企业投资"这一信贷市场传导环节效果的改变。为体现不同规模银行对数字金融的运用导致的对货币政策利率渠道的分布效应，本书拓展企业投资现金流模型，构建动态面板门槛回归模型如下：

$$\begin{aligned} Invest_{it} = & c + \beta_0 Invest_{i,t-1} + \sum_{j=0}^{k1} \beta_{1j} LR_t \times 1_j(size_{i,t-1}, \varphi) + \sum_{j=0}^{k2} \beta_{2j} Cash_{i,t-1} \\ & \times 1_j(size_{i,t-1}, \varphi) + \sum_{j=0}^{k3} \beta_{3j} LR_t \times DF_{i,t-1} \times 1_j(size_{i,t-1}, \varphi) \\ & + \sum_{j=0}^{k4} \beta_{4j} LR_t \times DF_{i,t-1} \times size_{i,t-1} \times 1_j(size_{i,t-1}, \varphi) \\ & + \sum_{j=0}^{k5} \beta_{5j} Cash_{i,t-1} \times DF_{i,t-1} \times 1_j(size_{i,t-1}, \varphi) \\ & + \sum_{j=0}^{k6} \beta_{6j} Cash_{i,t-1} \times DF_{i,t-1} \times size_{i,t-1} \times 1_j(size_{i,t-1}, \varphi) \\ & + \theta^T EI_t + \gamma_n Z_{i,t}^n + \mu_i + \epsilon_{i,t} \end{aligned} \quad (8-1)$$

模型（8-1）中 $Invest_{it}$、LR_t、$Cash_{i,t-1}$ 以及控制变量的设定与前文相同，$size$ 为门槛变量，在此为各企业的主银行总资产规模的对数，φ 表示 $size$ 的门槛值。DF 为主银行金融科技发展指数，如果不同规模银行对数字金融的运用效果存在规模分布效应，那么系数 β_4 和 β_6 将在 size 不同的阈值内呈现不同结果。

（二）假设 8-2 和假设 8-3 的模型设定

为识别不同规模银行对不同类型信息处理能力差异导致利率渠道产生分布效应的作用机理，本章加入信息获取类型代理变量，设立动态面板模型对不同规模银行运用数字金融对企业投资关于利率敏感度的影响进行分组检验：

$$Invest_{it} = c + \beta_1 Invest_{i,t-1} + \beta_2 LR_t + \beta_3 CASH_{it} + \beta_4 DF_{it} + \theta_1 DF_{it} \times LR_t$$
$$+ \theta_2 DF_{it} \times Cash_{it} + \sum_{j=1}^{2} \theta_{3j} BR_{it}^j \times LR_t + \sum_{j=1}^{2} \theta_{4j} BR_{it}^j$$
$$\times LR_t \times DF_{it} + \delta^T EI_t + \gamma_n Z_{i,t}^n + \mu_i + \epsilon_{i,t} \quad (8-2)$$

其中，BR^j 代表识别企业信息类型的两个变量，$j=1,2$，分别为是否新增贷款银行（OPEN_REL）以及主银行关系持续时间（DURA_REL）。其中 OPEN_REL 作为银行获取标准化信息能力的代理变量，DURA_REL 为银行处理非标准化信息能力的代理变量。其余变量设定与式（8-1）相同。如果中小型银行更善于运用非标准化信息，而银行运用数字金融反而弱化了中小银行运用非标准化信息缓解企业融资约束的能力，弱化了货币政策利率渠道传导效果，而大型银行则相反，那么不同规模银行交互项的系数 θ_{42} 估计结果将存在关于商业银行类型的显著差异。此外，随着银行规模的提高，由于存在规模成本节约效应，大型银行相对于小型银行，在引入数字金融后对标准化信息处理能力的提高更快，因此，大型银行组的 θ_{41} 应大于中小型银行。

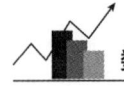

二、样本选择和数据处理

本章依然采用中国沪深两市包括中小企业板和创业板的非金融类A股上市公司2010~2021年的投资和贷款数据。其中,贷款数据主要来自CSMAR国泰安中国上市公司银行贷款研究数据库,包括借款者和贷款银行的信息、贷款量、贷款类型和贷款用途等。首先,本书排除没有指明特定贷款银行的数据或银行字段缺失的数据,以及其他类型的债务数据,包括贸易融资、票据承兑和表外项目。其次,排除以下几种借款银行的数据:政策性银行、外资银行、信托和其他非银行金融机构。最后,排除包括银行贷款的数据。

关于企业的投资数据、特征属性以及宏观经济数据来自Wind数据库。首先,排除总资产、营业收入、净利润、股权结构等核心财务指标缺失的样本;剔除ST样本以及当年IPO上市公司样本;剔除主营业务利润率持续三期为负等存在明显经营问题的公司。为消除异常值的影响,本书进行了上下1%的截尾处理;对少量缺失数据采用移动平均法予以补齐,以去除量纲不同的影响。最后,本书将来自Wind数据库可用的样本企业投资数据和其他相关统计数据与CSMAR的银行贷款数据进行匹配。经上述处理,最终获得12557个观测值。

第四节 实证结果分析

一、影响效应分析

表8-1为基于银行规模的动态面板门槛回归结果。由表中结果可

第八章 异质银行视角下数字金融对货币政策利率渠道影响的分布效应

见,数字金融对货币政策利率渠道传导效果的影响存在基于银行规模的门槛效应,当银行规模上升到一定阶段后,数字金融对货币政策利率渠道传导的正向作用明显上升。具体而言,对比表中列(1)和列(3)的检验结果可见,对于主银行规模在 10.4316 门槛值以下的贷款企业,企业投资对利率的敏感性明显弱于门槛值以上的银行贷款企业。交互项 $LR \times DF$ 的系数结果也显示,规模在门槛值以上的银行运用数字金融对企业投资关于利率敏感性产生更明显的积极作用。而加入银行规模之后的三项交互项 $LR \times DF \times SIZE$ 显示,当规模在门槛值以下时,随着银行规模的增加,数字金融关于企业投资利率敏感性产生的边际作用(-0.0356)小于门槛值以上的规模的银行(-0.0798)。三项交互 $CASH \times DF \times SIZE$ 的检验结果也显示,银行规模在 10.4316 门槛值以下时估计系数为 -0.0112 并在 10% 水平上显著,但在门槛值以上时估计系数值为 -0.0417 且在 5% 水平上显著,说明大型银行运用数字金融更有利于减弱贷款企业对现金流的依赖,从投资现金流敏感性的角度也证实了银行规模对于数字金融关于利率渠道作用的影响。

表 8-1 基于银行规模差异的门槛回归结果

变量	被解释变量:Invest			
	size < 10.4316		size ≥ 10.4316	
	(1)	(2)	(3)	(4)
$Invest_{-1}$	0.3567*** (0.0465)	0.3663*** (0.0478)	0.2991*** (0.0683)	0.3771*** (0.0736)
LR	-0.0066* (0.0037)	-0.0110 (0.0671)	-0.1128** (0.0508)	-0.1095 (0.1504)
Cash	0.2923*** (0.1109)	0.2682** (0.1194)	0.0841 (0.1116)	0.1698 (0.1317)
$LR \times DF$	-0.2278*** (0.0752)	-0.1916** (0.0745)	-0.3170*** (0.1133)	-0.3960** (0.1546)
$Cash \times DF$	-0.3878*** (0.0918)	-0.3698** (0.1526)	-0.1880* (0.1085)	0.1470 (0.1362)

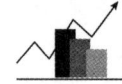

续表

变量	被解释变量：Invest				
	size < 10.4316		size ≥ 10.4316	
	(1)	(2)	(3)	(4)
$LR \times DF \times SIZE$		-0.0356* (0.0213)		-0.0798*** (0.0219)
$Cash \times DF \times SIZE$		-0.0112* (0.0065)		-0.0417** (0.0182)
控制变量	是	是	是	是
个体效应	是	是	是	是
观测值	10594	10594	10594	10594
Adj-R^2	0.648	0.667	0.648	0.667

注：*、**、*** 分别表示在10%、5%和1%的水平上显著；括号内为企业层面聚类标准误。

以上结果证实了假设8-1的推论，银行规模对于数字金融运用对货币政策利率渠道传导效果产生了显著的分布效应，大型银行运用数字金融相对于小型银行更有利于改善货币政策利率渠道传导效果。其中的原因可能在于大型银行和小型银行对于信息类型处理的相对优势不同，以及大型银行相对于小型银行而言在数字金融运用方面产生规模成本节约效应的原因。

二、影响机制分析

表8-2为进一步针对数字金融运用对货币政策利率渠道产生分布效应的影响机制进行分析的检验结果，其中 $Size = 1$ 表示规模在门槛值以上的大型银行，$Size = 0$ 则为门槛值以下的中小银行。由表中检验结果可见，对于 $Size = 1$ 的大型银行，$DF \times LR$ 的系数估计结果绝对值为0.5534，无论是显著性还是绝对值都高于 $Size = 0$ 的中小银行。进一步基于贷款技术类型区分为基于标准化信息的交易型贷款（OPEN_REL）和基于非标准

第八章 异质银行视角下数字金融对货币政策利率渠道影响的分布效应

化信息的关系型贷款（DURA_REL）后，对比列（2）和列（5）结果可见，大型银行 OPEN_REL×LR 的系数估计值无论是绝对值还是显著性都强于中小银行，相反，中小银行 DURA_REL×LR 的系数绝对值和显著性都高于大型银行。此结果说明，大型银行更善于通过交易型贷款技术提高企业投资对于利率敏感性。列（3）和列（6）的三项交互项 OPEN_REL×LR×DF 的估计结果显示，中小银行和大型银行的系数都负向显著，但大型银行绝对值和显著性高于中小银行。而 DURA_REL×LR×DF 的估计结果则相反，中小银行组的估计系数为正且显著，大型银行估计系数为正但不显著。

表8-2　　　　　　　基于信息处理能力差异的机制分析结果

变量	被解释变量：Invest					
	size = 1			size = 0		
	（1）	（2）	（3）	（4）	（5）	（6）
$Invest_{-1}$	0.2980*** (0.0561)	0.4923*** (0.0851)	0.3612*** (0.0510)	0.2351*** (0.0606)	0.1743** (0.0773)	0.1240** (0.0541)
LR	-0.0288 (0.1459)	-0.1757 (0.1427)	-0.0472 (0.1415)	-0.0057 (0.0775)	-0.0497 (0.0891)	-0.1029 (0.1111)
Cash	0.2882** (0.1459)	0.0272 (0.1414)	0.1608 (0.1133)	0.2638** (0.1165)	0.2821** (0.1292)	0.3017** (0.1312)
DF	0.8353*** (0.1891)	0.4238 (0.2805)	0.7344*** (0.2608)	0.2988** (0.1309)	0.2873** (0.1419)	0.4083*** (0.1277)
DF×LR	-0.5534*** (0.1392)	-0.3322** (0.1614)	-0.4893*** (0.1419)	-0.4460* (0.2372)	-0.1629 (0.0996)	-0.2432** (0.1232)
DF×Cash	-0.1339** (0.0473)	-0.0517 (0.1330)	-0.1081 (0.1236)	-0.1418*** (0.0360)	-0.4456*** (0.1573)	-0.3904*** (0.1434)
OPEN_REL×LR		-0.2121** (0.1083)	-0.1721 (0.2571)		-0.0417* (0.0224)	-0.8898 (0.5467)
DURA_REL×LR		-0.1030** (0.0434)	-0.2404** (0.1027)		-0.2152*** (0.0587)	-0.0339 (0.0357)

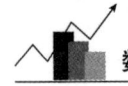

续表

变量	被解释变量：Invest					
	size = 1			size = 0		
	(1)	(2)	(3)	(4)	(5)	(6)
OPEN_REL × LR × DF			-0.8892** (0.3675)			-0.5115* (0.2826)
DURA_REL × LR × DF			0.0739 (0.0590)			0.2117* (0.1205)
控制变量	是	是	是	是	是	是
个体效应	是	是	是	是	是	是
样本数量	2512	2512	2512	9054	9054	9054
AR (1)	0.008	0.013	0.029	0.011	0.013	0.012
AR (2)	0.502	0.502	0.579	0.523	0.517	0.533
Hansen test	0.192	0.150	0.163	0.121	0.135	0.108

注：*、**、***分别表示在10%、5%和1%的水平上显著；括号内为企业层面聚类标准误。

以上结果一方面说明大型银行相对于中小银行更善于采用交易性贷款技术，但关系型技术方面较弱，而运用数字金融后交易型贷款技术的提升效果高于中小银行，关系型融资技术却没有提升，说明数字金融运用对不同类型信息的处理能力存在差异，这是数字金融对货币政策利率渠道传导产生关于银行规模的分布效应的重要原因，假设8-2得证。另一方面，数字金融发展后对于大型银行而言，关系型融资技术并没有因支出的减少而显著弱化，但交易性融资技术的提升作用约为88.9%，大于小银行的51.2%，同时中小银行的关系型融资却弱化了约21.1%。这也说明大型银行相对于中小银行而言存在发展数字金融的规模成本节约效应，所以发展数字金融不仅没有弱化关系型融资，且交易型融资的正向边际效应更高，假设8-3得证。

第五节 稳健性检验

一、更换样本分组依据

表8-3为基于动态门槛面板模型估计所得门槛值对银行规模进行分组后的检验结果。为避免存在统计偏误,以及考虑到可能存在的遗漏变量对数字金融作用的影响,本书根据银行本身规模由小至大重新排序后三等分。如果银行规模的观测值排序在前1/3时,分类变量取值为1,中间1/3取值为2,后1/3取值为3,再对模型(8-2)进行分组稳健性检验。检验结果如表8-3所示,结果基本保持稳健。随着银行规模的上升,$OPEN\_REL \times LR \times DF$的系数绝对值和显著性都呈上升趋势,相反,$DURA\_REL \times LR \times DF$的系数估计值则逐渐变得不显著,说明数字金融对货币政策利率渠道的传导效果产生基于银行规模的分布效应,而此效应是因异质信息处理技术能力差异而产生的,并且随着规模的增大,规模效应越加明显。

表8-3　　　　　基于信息处理能力差异的机制分析结果

变量	被解释变量: Invest					
	size = 1		size = 2		size = 3	
	(1)	(2)	(3)	(4)	(5)	(6)
$Invest_{-1}$	0.1251**	0.1220**	0.1397**	0.1359***	0.2810***	0.3006***
	(0.0622)	(0.0531)	(0.0680)	(0.0401)	(0.0763)	(0.0416)
LR	-0.1057	-0.1029	-0.1735*	-0.1737*	-0.0288	-0.0472
	(0.0775)	(0.1111)	(0.0922)	(0.0943)	(0.1459)	(0.1415)
Cash	0.2048*	0.3036**	0.2019***	0.1896***	0.1892	0.1608
	(0.1065)	(0.1312)	(0.0820)	(0.0731)	(0.1459)	(0.1133)

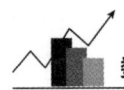

续表

变量	被解释变量：Invest					
	size = 1		size = 2		size = 3	
	(1)	(2)	(3)	(4)	(5)	(6)
DF	0.1887**	0.2073*	0.3017**	0.3015***	0.3832***	0.3944*
	(0.0909)	(0.1074)	(0.1428)	(0.1074)	(0.1463)	(0.2208)
DF × LR	-0.1412*	-0.1033**	-0.1634**	-0.1232**	-0.3834***	-0.2893***
	(0.0759)	(0.0531)	(0.0708)	(0.0632)	(0.1392)	(0.0919)
DF × Cash	-0.3008***	-0.3812***	-0.2708*	-0.2804**	-0.1439*	-0.1063
	(0.1257)	(0.1334)	(-0.1792)	(0.1334)	(0.0773)	(0.1079)
OPEN_REL × LR		-0.9098		-0.5091		-0.1721
		(0.5267)		(0.5467)		(0.2571)
DURA_REL × LR		-0.0339		-0.0297*		-0.1404*
		(0.0387)		(0.0157)		(0.0727)
OPEN_REL × LR × DF		-0.5115		-0.7115*		-1.4892**
		(0.4026)		(0.4002)		(0.6675)
DURA_REL × LR × DF		0.2133*		0.2007*		0.0739
		(0.1204)		(0.1105)		(0.0590)
控制变量	是	是	是	是	是	是
个体效应	是	是	是	是	是	是
样本数量	5092	5092	3884	3884	2581	2581
AR (1)	0.018	0.015	0.029	0.029	0.053	0.052
AR (2)	0.601	0.602	0.309	0.303	0.108	0.109
Hansen test	0.420	0.423	0.332	0.331	0.415	0.418

注：*、**、***分别表示在10%、5%和1%的水平上显著；括号内为企业层面聚类标准误。

二、变更关键变量衡量指标

考虑到采用贷款主银行数字化指数虽然可以保证指标外生性，但北大银行数字化发展指数（谢绚丽和王诗卉，2022）的构建也存在一定程度的主观性。因此本书借鉴李逸飞等（2022）和唐等（Tan et al.，2023）

第八章　异质银行视角下数字金融对货币政策利率渠道影响的分布效应

的做法,基于银行年报关于数字化转型的词频数作为银行层面的数字金融发展水平代理变量,替换银行数字化转型指数进行回归。表 8-4 为采用以上指标作为银行数字金融发展水平代理变量和规模变量对式 (8-1) 的检验结果,结果显示与基准回归结果基本一致,说明本章基本回归结果稳健。

表 8-4　　替换银行数字金融发展指标后的检验结果

变量	被解释变量：Invest			
	$size < 10.4371$		$size \geqslant 10.4371$	
	(1)	(2)	(3)	(4)
$Invest_{-1}$	0.3568*** (0.0469)	0.3665*** (0.0477)	0.2892*** (0.0694)	0.3793*** (0.0734)
LR	-0.0071* (0.0037)	-0.0112 (0.0574)	-0.1128** (0.0508)	-0.1196 (0.1516)
$Cash$	0.2904*** (0.1013)	0.2691** (0.1095)	0.0841 (0.1216)	0.2698 (0.1815)
$LR \times DF$	-0.2319*** (0.0852)	-0.2017** (0.0795)	-0.5795*** (0.1133)	-0.3818** (0.1553)
$Cash \times DF$	-0.4819*** (0.0929)	-0.3676** (0.1517)	-0.1891* (0.1067)	0.1488 (0.1371)
$LR \times DF \times SIZE$		-0.0326* (0.0174)		-0.1978*** (0.0521)
$Cash \times DF \times SIZE$		-0.0108* (0.0061)		-0.0413** (0.0192)
控制变量	是	是	是	是
个体效应	是	是	是	是
观测值	10594	10594	10594	10594
Adj-R^2	0.648	0.667	0.648	0.667

注：*、**、*** 分别表示在 10%、5% 和 1% 的水平上显著;括号内为企业层面聚类标准误。

三、处理样本选择偏差问题

由于不同所有制银行受政策影响存在差异,国有银行不仅属于大型银行,而且其所有制结构特征决定了国有银行的贷款决策并非完全基于贷款成本收益的考虑,还承担了政府政策执行的职能,导致国有银行对企业的贷款并非完全基于企业投资项目信息。因此,如果将国有银行纳入大型银行样本,可能会低估大型银行数字金融运用对非标准化信息处理的弱化作用。考虑到由此导致的样本选择偏差导致的统计偏误,本部分将国有银行样本剔除,以股份制银行作为样本对银行规模差异可能导致的分布效应和机理进行检验。

检验结果如表 8–5 和表 8–6 所示,检验结果与基准回归式(8–1)和式(8–2)基本一致,但核心关注变量系数的显著性和可决系数均高于表 8–1 的检验结果,证实了基准回归结果的稳健性。

表 8–5　　　　处理样本选择偏差后门槛效应检验结果

变量	被解释变量:*Invest*			
	size < 9.1301		size ≥ 9.1301	
	(1)	(2)	(3)	(4)
$Invest_{-1}$	0.3108 *** (0.0235)	0.3016 *** (0.0248)	0.2235 *** (0.0512)	0.2103 *** (0.0293)
LR	−0.0073 * (0.0036)	−0.0114 (0.0535)	−0.1131 ** (0.0405)	−0.1006 * (0.0611)
Cash	0.2903 *** (0.1024)	0.2495 ** (0.1086)	0.1401 (0.1306)	0.2228 (0.1817)
$LR \times DF$	−0.2469 *** (0.0812)	−0.2025 *** (0.0706)	−0.5218 *** (0.1201)	−0.3417 * (0.1856)
$Cash \times DF$	−0.3253 *** (0.0605)	−0.3045 ** (0.1332)	−0.1822 * (0.1007)	0.1417 (0.1061)

续表

变量	被解释变量：Invest			
	size < 9.1301		size ≥ 9.1301	
	（1）	（2）	（3）	（4）
$LR \times DF \times SIZE$		-0.0424*** (0.0115)		-0.1801*** (0.0423)
$Cash \times DF \times SIZE$		-0.0208* (0.0113)		-0.0405* (0.0232)
控制变量	是	是	是	是
个体效应	是	是	是	是
观测值	8025	8025	8025	8025
Adj-R^2	0.727	0.702	0.727	0.702

注：*、**、*** 分别表示在10%、5%和1%的水平上显著；括号内为企业层面聚类标准误。

表8-6　处理样本选择偏差后式（8-2）的检验结果

变量	被解释变量：Invest					
	size = 1			size = 0		
	（1）	（2）	（3）	（4）	（5）	（6）
$Invest_{-1}$	0.2102*** (0.0417)	0.4124*** (0.0712)	0.3208*** (0.0310)	0.2311** (0.1606)	0.1043* (0.0573)	0.1227*** (0.0246)
LR	-0.0217 (0.2409)	-0.1058 (0.1927)	-0.0473 (0.1216)	-0.1057 (0.0875)	-0.0197 (0.1091)	-0.1029 (0.1911)
$Cash$	0.2184* (0.1409)	0.0972 (0.1914)	0.1008 (0.1637)	0.2833** (0.1205)	0.2820** (0.1292)	0.3027** (0.1308)
DF	0.8155*** (0.2801)	0.4232 (0.3507)	0.7248*** (0.2518)	0.3088** (0.1409)	0.2173** (0.1070)	0.1383*** (0.0217)
$DF \times LR$	-0.5036*** (0.1385)	-0.3125** (0.1516)	-0.2893** (0.1219)	-0.4760* (0.2571)	-0.1829 (0.1186)	-0.2234** (0.0967)
$DF \times Cash$	0.1379 (0.1973)	-0.0917 (0.1030)	-0.1063 (0.1035)	-0.1119** (0.0560)	-0.4414*** (0.1508)	-0.4204*** (0.1034)
$OPEN\_REL \times LR$		-0.2226* (0.1183)	-0.1821 (0.2533)		-0.0307* (0.0181)	-0.8288 (0.5464)

续表

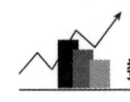

变量	被解释变量：Invest					
	size = 1			size = 0		
	(1)	(2)	(3)	(4)	(5)	(6)
DURA_REL × LR		−0.1130** (0.0463)	−0.2403** (0.1022)		−0.2158*** (0.0507)	−0.0233 (0.0317)
OPEN_REL × LR × DF			−0.8992* (0.5075)			−0.4195* (0.2276)
DURA_REL × LR × DF			0.0783 (0.1294)			0.2013* (0.1096)
控制变量	是	是	是	是	是	是
个体效应	是	是	是	是	是	是
样本数量	1650	1650	1650	6469	6469	6469
AR（1）	0.018	0.011	0.023	0.017	0.014	0.021
AR（2）	0.502	0.502	0.509	0.503	0.507	0.513
Hansen test	0.212	0.250	0.263	0.231	0.234	0.208

注：*、**、*** 分别表示在10%、5%和1%的水平上显著；括号内为企业层面聚类标准误。

第六节 异质性分析

一、考虑地区发展水平差异

由于不同地区市场发展程度不同，因此企业面临的金融市场摩擦程度也不同。一般而言，市场化水平较高的地区，企业具备标准化信息优势，因此，对于市场化水平较高的地区，因银行规模差异导致的数字金融对货币政策利率渠道传导的分布效应较弱。相反，市场化程度较低的地区，由于企业的市场化治理水平较低，存在更多的非标准化信息，所以因银行规模差异导致的数字金融对利率渠道传导效果产生的分布效应

第八章 异质银行视角下数字金融对货币政策利率渠道影响的分布效应

更为显著,即数字金融对利率渠道传导产生的银行规模分布效应可能呈现出因市场化程度不同导致的地区差异。对此,本部分基于企业注册地所在省份,将企业分为东中西部企业进行分组检验,以探究数字金融对利率渠道传导的银行规模分布效应是否会因地域市场化水平而呈现异质性。

表8-7的检验结果显示,东部、中部、西部地区 $LR \times DF$ 的系数估计值均为负向显著。其中东部地区门槛值以下的 $LR \times DF \times SIZE$ 系数估计值和门槛值以上的系数估计值都为负向显著,中部地区门槛值前后的系数都为负,但绝对值差距较大,西部地区门槛值以下不显著。以上结果说明东部地区并不存在显著的银行规模分布效应,但西部地区银行规模分布效应最为显著,呈现出以门槛值为界的明显差异。此结果在政策上意味着对于西部地区而言,更需要关注银行规模差异导致的数字金融对货币政策利率渠道传导的作用差异,在关注数字金融发展的同时也需要注重发挥传统金融对于关系型融资的积极作用。

表8-7 关于东部、中部、西部地区的分布效应差异检验

变量	被解释变量:*Invest*					
	西部	中部	东部	西部	中部	东部
	$size<9.289$	$size<10.201$	$size<11.239$	$size>9.289$	$size\geq10.201$	$size\geq11.239$
	(1)	(2)	(3)	(4)	(5)	(6)
$Invest_{-1}$	0.2007***	0.3125***	0.4122***	0.2014***	0.3112***	0.4021***
	(0.0239)	(0.0217)	(0.0915)	(0.0103)	(0.0198)	(0.0902)
LR	-0.0112	-0.0812	-0.1013*	-0.1081*	-0.1012	-0.1001
	(0.0512)	(0.0574)	(0.0554)	(0.0512)	(0.1089)	(0.1428)
$Cash$	0.2195*	0.2495*	0.1495	0.2107	0.2128	0.1395
	(0.1106)	(0.1219)	(0.1086)	(0.1911)	(0.2417)	(0.1005)
$LR \times DF$	-0.1025*	-0.2025*	-0.3017**	-0.2417***	-0.3417**	-0.2917**
	(0.0606)	(0.1116)	(0.1262)	(0.0856)	(0.1856)	(0.1262)
$Cash \times DF$	-0.1035*	-0.0908*	-0.1145**	-0.1417**	0.2017**	-0.1049**
	(0.0671)	(0.0532)	(0.0542)	(0.0661)	(0.1108)	(0.0498)

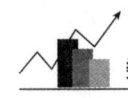

续表

变量	被解释变量：Invest						
	西部	中部	东部	西部	中部	东部
	size<9.289	size<10.201	size<11.239	size>9.289	size≥10.201	size≥11.239
	(1)	(2)	(3)	(4)	(5)	(6)
$LR \times DF \times SIZE$	-0.0414 (0.0355)	-0.1408* (0.0801)	-0.0529** (0.0218)	-0.1909* (0.1023)	-0.1701** (0.0723)	-0.0609*** (0.0220)
$Cash \times DF \times SIZE$	-0.0318 (0.0261)	-0.0129* (0.0071)	-0.0128* (0.0069)	-0.1005* (0.0532)	-0.0905* (0.0502)	-0.0113* (0.0062)
控制变量	是	是	是	是	是	是
个体效应	是	是	是	是	是	是
观测值	1203	3019	8224	1203	3019	8224
Adj-R^2	0.418	0.431	0.402	0.418	0.431	0.402

注：*、**、***分别表示在10%、5%和1%的水平上显著；括号内为企业层面聚类标准误。

二、不同所有制企业的差异

由于国有企业存在政府隐性背书优势，其本身的投资决策并不依赖于成本收益的对比，因此国有企业相对于民营企业而言对利率的敏感度较低。据此逻辑，对于国有企业而言，企业投资决策并不会因银行发展数字金融而产生显著改变，所以也不存在数字金融对利率渠道传导的银行规模分布效应。

据此，本书以国有企业为样本，对式（8-1）进行检验。检验结果如表8-8所示，由结果可见，对于国有企业而言，不存在数字金融关于银行规模的分布效应，并且数字金融也没有对门槛值以上规模的国有企业投资关于利率的敏感性产生显著影响。以上结果证实数字金融对于货币政策利率渠道传导的银行规模分布效应在国有企业中并不存在，此效应存在明显的企业所有制异质性。

表8-8 关于国有企业的分布效应差异检验

变量	被解释变量：Invest			
	$size < 10.0317$		$size \geqslant 10.0317$	
	(1)	(2)	(3)	(4)
$Invest_{-1}$	0.3008***	0.3017***	0.2005***	0.1303***
	(0.0205)	(0.0128)	(0.0512)	(0.0293)
LR	-0.0476*	-0.0132*	-0.0341	-0.0406
	(0.0248)	(0.0074)	(0.0202)	(0.0324)
$Cash$	0.4015*	0.4095*	0.4401	0.4228
	(0.2524)	(0.2186)	(0.2906)	(0.2817)
$LR \times DF$	-0.1434	-0.1025	-0.0243	-0.0317
	(0.0806)	(0.0723)	(0.0814)	(0.0956)
$Cash \times DF$	-0.4021	-0.3045	-0.1292	-0.1417
	(0.3304)	(0.2532)	(0.0807)	(0.1791)
$LR \times DF \times SIZE$		-0.0424		-0.0201
		(0.0715)		(0.0163)
$Cash \times DF \times SIZE$		-0.1208		-0.0367
		(0.1271)		(0.0232)
控制变量	是	是	是	是
个体效应	是	是	是	是
观测值	4523	4523	4523	4523
Adj-R^2	0.508	0.531	0.508	0.531

注：*、**、***分别表示在10%、5%和1%的水平上显著；括号内为企业层面聚类标准误。

第七节 本章小结

本章主要基于银行规模差异，探讨银行数字金融发展对货币政策利率渠道传导可能产生的规模分布效应。由第七章研究可知，信贷市场存在异质信息，而数字金融对异质信息的处理能力存在差异，那么，由于

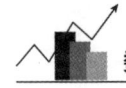

不同规模银行面对的银企信贷市场质量不同，对信贷市场异质信息处理优势不同，因此运用数字金融后对信贷市场金融摩擦的处理能力也将存在差异，进而产生货币政策利率渠道的规模分布效应。基于以上逻辑，本书首先通过构建动态门槛回归模型对银行数字金融运用关于货币政策利率渠道可能产生的规模分布效应进行检验；然后基于银行异质信息处理技术差异以及数字信息处理成本差异，根据效应变化的门槛值对分布效应进行分样本检验，以此对产生的分布效应作用机制进行识别。稳健性检验显示，分布效应和机制检验结果在更换样本分组依据，变更关键变量衡量指标和处理样本选择偏差问题后依然保持稳健。最后，本书还进一步探讨了地区发展水平和企业所有制异质条件下银行规模分布效应的差异。

研究结果显示，银行运用数字金融产生了基于银行规模的货币政策利率渠道分布效应，当规模处于门槛值以上的大型银行运用数字金融相对于小型银行更有利于改善货币政策利率渠道的传导效果。以上结果的产生，一是由于大型银行运用数字金融后进一步提高了交易性贷款技术优势（处理标准化信息贷款技术），对企业融资产生的积极效应高于中小银行；二是由于规模成本节约效应，大型银行发展数字金融后，不仅交易型贷款技术提升效率更高，对关系型融资技术支出减少产生的弱化效应小于中小银行。可见，大型银行发展数字金融不仅正向边际效应较高，对于成本的影响也随规模增大而减小。最后，进一步研究的结果显示，东部地区并不存在显著的银行规模分布效应，但西部地区银行规模分布效应最为显著；对于国有企业而言，也不存在关于银行规模的门槛效应，即数字金融对于货币政策利率渠道传导的银行规模分布效应对于国有企业并不存在。

本部分研究结果意味着，虽然数字金融总体上可以改善银企间信息不对称程度，提高企业投资关于利率的敏感性，但由于不同规模银行面对的信贷市场摩擦程度的作用效果并不一致,从而对于货币政策利率渠道传导效果产生分布效应。此结果意味着,不同类型银行发展数字金融这种新技术对于提高企业投资对利率敏感性,提高货币政策利率渠道传导效果具有差别优势,而且对于不同地区和不同所有制企业的影响效应也存在差异。因此,一方面不同规模银行需要关注自身在信息处理能力方面的差别优势,在发展数字金融的同时也注重传统贷款技术的跟进,对于不同发展水平的地区和不同类型企业,有针对地发展不同类型的信贷技术;另一方面也需要关注货币政策传导可能产生的结构性特征,在提高总量性货币政策传导效果的同时,关注结构性货币政策工具的创新和实施效果。

第九章 Chapter 9

研究结论和政策建议

第一节 研究结论

本书主要以中国数字金融迅速发展导致的金融结构这一货币政策传导"中介介质"发生全方位变化为背景,研究探讨数字金融发展对货币政策利率渠道传导的影响效应和机制路径。此研究基于"基本事实与研究现状→理论分析→总量效应与机制识别→异质效应与机理拓展→结论与政策建议"的逻辑思路展开。首先,本书对数字金融、货币政策利率渠道传导两个核心概念进行了界定,通过与传统金融的比较,明确数字金融的功能边界,并对数字金融发展背景下货币政策利率渠道的传导效果进行特征事实总结,发掘数字金融背景下货币政策利率渠道传导效果变化的现实特征。然后,本章通过构建理论模型,对数字金融影响货币政策利率渠道传导的机制进行数理推导,并实证检验数字金融对货币政策利率渠道关于产出的两大构成部分:企业投资和居民消费,两者传导效果的影响效应和机理。围绕以上分析得出的数字金融关于货币政策利率渠道的主要作用对象和机制,本书进一步基于主要研究对象的异质特征逐步深入展开探讨。首先，基于利率渠道主要传导对象特征：企业的异质性，本书考察了数字金融对利率渠道结构扭曲效应的影响效应和机理；其次，基于数字金融自身技术特征：处理信息的异质性，对数字金融作用于利率渠道传导的异化效应和机理进行分析；最后，基于利率渠道主要传导中介特征：银行规模的异质性，进一步探讨了数字金融对利率渠道传导效果可能产生的银行规模分布效应。通过以上系统研究，本书所得结论如下：

第一，关于数字金融对货币政策利率渠道关于企业投资传导效果的影响。本书围绕数字金融通过货币政策利率渠道对企业投资的影响效应和机理展开研究。研究发现数字金融显著地提高了货币政策利率渠道传导效果，但对影响货币政策利率渠道传导的三个机制的影响存在差异。实证结果显示，数字金融的发展显著提高了利率预期期限结构理论在中国金融市场的适用性。但从企业投资敏感度来看，数字金融一方面强化了货币政策利率渠道的直接效应，企业投资对长期利率的变化更为敏感；另一方面弱化了货币政策利率渠道的间接效应，即数字金融发展提高了企业的信贷可获得性，弱化了企业投资对现金流的敏感度。此外，进一步的分析表明，数字金融相对传统金融对利率渠道的影响具有显著的独立性。这可能源自数字金融与传统金融变化发展内在推动因素的差异，以及在解决金融摩擦方面的技术路线不同。

第二，关于数字金融对货币政策利率渠道关于居民消费传导效果的影响。本书主要围绕数字金融对货币政策利率渠道关于居民消费传导的影响效应展开研究，以此回答中国货币政策是否对消费存在"产出之谜"，以及数字金融作为全新的金融业态创新，是否能弱化消费"产出之谜"的问题。本书通过采用标准VAR模型检验发现货币政策通过利率渠道对消费的传导确实存在"产出之谜"，也通过统计检验发现"产出之谜"产生的原因并非因技术问题而导致的。进一步地，通过交互VAR模

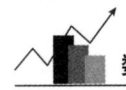

型，研究发现数字金融可以在一定程度上弱化消费的"产出之谜"，但此弱化效果与并不能完全消除"产出之谜"的现象。基于利率市场化水平进行分阶段VAR模型检验后发现，金融市场化因素确实是导致货币政策利率渠道对消费的传导存在"产出之谜"的重要原因，而数字金融作为技术创新，并不能完全弥补金融市场化程度不足等制度性因素对货币政策传导产生的负向影响。

第三，关于数字金融对货币政策利率渠道影响的结构效应。本书主要围绕企业异质性，探讨数字金融对货币政策利率渠道可能产生的结构扭曲效应的影响。研究结果显示，数字金融不是增大而是弱化了货币政策利率渠道的结构扭曲效应。由于数字金融更有助于改善小企业面临的信贷市场条件，因此随着数字金融的发展，两类企业面临的信贷供给的差异性在变小，这意味着当货币政策引起利率变动时，政策冲击对大小企业投资的影响差异缩小。进一步的分析还发现，数字金融的作用受到政策扩张与紧缩的非对称性以及企业产权性质的影响，紧缩性货币政策下的效果要明显好于扩张性货币政策，并且数字金融可以缩小国有企业和民营企业的货币政策利率传导效果差异。

第四，关于数字金融对货币政策利率渠道影响的异化效应。基于数字金融自身对异质信息存在功能差异的视角，本书基于银行在运用交易型贷款和关系型贷款技术在获取信息类别方面存在的差异优势，具体分析了数字金融的运用对利率渠道传导效果可能存在的两种相反的分效应。研究发现，数字金融的运用总体上可以提高企业投资关于利率的敏感性，强化货币政策利率渠道传导效果。具体而言，数字金融的运用显著提高了银行获取标准化信息的能力，但同时对在获取非标准化信息方面具有独特优势的关系型贷款没有产生显著的负面影响。基于异质性分析结果显示所有制不同，数字金融的影响存在明显差异，国有银行运用数字金融对于利率渠道传导效果的提升作用弱于非国有银行，此外，对中小企业传导的效果也被较大程度地弱化。本章还对东中西部地区企业进行异质性分析,结果显示,市场化水平较低的中西部地区,数字金融对企业投资关于利率敏感性的积极影响明显弱于市场化水平较高的东部地区。

第五,关于数字金融对货币政策利率渠道影响的分布效应。本书考虑到不同规模银行对信贷市场异质信息处理优势不同,面对的银企信贷市场质量也不同,因此运用数字金融后对金融摩擦的处理能力也将存在差异,进而产生货币政策利率渠道的规模分布效应。研究结果显示,数字金融的运用确实产生了基于银行规模的货币政策利率渠道分布效应,当规模处于门槛值以上的大型银行运用数字金融相对于小型银行更有利于改善货币政策利率渠道的传导效果。进一步研究的结果显示,东部地区并不存在显著的银行规模分布效应,但西部地区银行规模分布效应最为显著;对于国有企业而言,也不存在关于银行规模的门槛效应,数字金融对于货币政策利率渠道传导的银行规模分布效应对于国有企业并不存在。

第二节 政策建议

健全货币政策利率传导渠道是国家"十四五"规划中金融改革的一个重要内容,也是实现党的二十大报告强调的"健全宏观经济治理体系"的关键环节。但是央行认为当前利率传导存在市场分割、融资平台预算约束等金融体制问题,造成利率传导方面存在较大障碍。按照货币经济学理论,货币政策利率传导渠道是以金融市场为传导中介的,因而金融市场的不完备性或金融摩擦对利率渠道的传导具有举足轻重的作用。数字金融的迅速兴起作为中国金融结构划时代变迁的重要特征,为克服利率传导障碍提供了重要机遇。根据本书关于数字金融发展对货币政策利率渠道传导的影响效应和机理的相关研究结论,针对数字金融背景下货

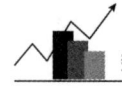

币政策利率渠道的构建和优化问题，提出政策建议如下。

第一，货币政策利率渠道的健全和完善须基于系统观念。坚持系统观念，是习近平新时代中国特色社会主义思想世界观和方法论的重要内容。中国货币政策利率渠道的健全和完善，同样需要坚持系统观念，以基于"两大环节"的建设来促进"三大机制"更好的发挥作用。要通过渐近的改革和加强金融市场基础设施建设，畅通利率渠道传导的"两大环节"。在有效监管和风控的同时，通过扩大金融工具的创新品种和降低市场交易主体的进入门槛，有序推进货币市场和资本市场的建设，通过降低交易成本和构建更完备的契约来提高市场的质量。

第二，从结构视域出发重视货币政策利率渠道的传导"介质"建设。完善和健全货币政策利率渠道首先要货币政策利率渠道的传导需要金融体系作为中介"介质"，而"介质"的特征与金融结构密切相关。当前我国的金融结构主要由数字金融和传统金融两大部分组成，数字金融已经并将在未来进一步的全面改变金融体系的构成和运行机制，因此货币政策利率渠道的健全，需特别注意这一结构变迁带来的战略机遇。基于我国的金融市场特征，从金融稳定和金融服务经济高质量发展角度出发，在鼓励数字金融公司发展的同时，应特别通过数据的跨部门共享和金融机构数字技术公共基础设施的投入，促进数字金融更快速赋能传统金融，提高利率渠道的传导效率。

第三，由于数字金融总体上具备增强货币政策利率渠道传导的作用，因此大力促进数字金融的有序发展，为实现"十四五"规划提出的构建利率传导机制的现代货币政策传导体系，提供了新的路径与机遇。但值得注意的是，虽然数字金融弱化了货币政策对消费的"产出之谜"，也有效弱化了政策冲击的结构扭曲效应，但并未彻底消除以上阻碍货币政策利率渠道作用发挥的阻滞因素。这意味着对当前的货币政策实施来说，可以选择更积极的总量货币政策，但与此同时，仍须考虑辅之以支持中

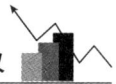

小企业的定向结构性货币政策，同时不断提升金融市场化水平，以提高家庭的流动性水平以及中小企业面临的信贷市场条件差异导致的信贷市场失灵问题。

第四，数字金融作为一种技术创新，对于不同类型的企业，以及不同类型的银行，均具有不同性质和不同程度的作用效果。要正确和全面地看待技术创新对于金融功能作用，在最大程度利用数字技术优势的同时，正视数字技术对于金融功能的促进作用和限制性。因此，不同类型金融机构也需要结合自身优势特征，在发展数字技术的同时，兼顾传统金融技术的发挥和能力提升，以提高数字金融的边际效应。同时，应有针对性地根据不同地区和不同客户群体的信贷市场质量有侧重地发挥不同类型贷款技术优势，提高技术投入的边际效益，减少因非标准化信息处理不足导致的信贷配给问题。

第五，通过体制改革和技术创新协同推进金融体系的发展。党的二十大报告指出，深化金融体制改革是构建高水平社会主义市场经济体制和推动高质量发展的重要路径。近年来，作为一种新的技术创新，数字金融在我国金融体系的发展完善中起着重大作用，但本书研究表明，虽然数字金融技术总体上可以改善银企之间的信息不对称程度，提高企业投资对利率的敏感性，提升货币政策利率渠道传导效果，但也存在明显的局限性。对中国这样的转型经济体来说，金融体系的高质量构建，需要体制改革和技术创新的协同推进。技术创新提出了改革体制机制的要求，体制机制则决定了技术功能的发挥空间。货币政策利率传导机制的健全和构建，根本上取决于经济整体市场化水平的完善程度。要渐进地推进金融市场的深化和开放，鼓励金融市场的多元化，引入更多的金融产品和服务，吸引外资金融机构的进入。此外，在保证金融稳定的同时，需要进一步完善优化银行等金融机构的内部治理结构，推动金融机构更有效利用数字金融的内生驱动机制。

参考文献

［1］边江泽，余湄，汪寿阳，等．注册制改革下的市场反应——基于科创板与创业板的分析［J/OL］．系统工程理论与实践，2024（3）：1－42．

［2］陈创练，郑挺国，姚树洁．时变参数泰勒规则及央行货币政策取向研究［J］．经济研究，2016，51（8）：43－56．

［3］陈建斌．政策方向、经济周期与货币政策效力非对称性［J］．管理世界，2006（9）：6－12，171．

［4］陈浪南，田磊．基于政策工具视角的我国货币政策冲击效应研究［J］．经济学（季刊），2015，14（1）：285－304．

［5］陈清，吴联俊．货币供应量变动对家庭风险资产持有比例的影响研究——基于利率渠道视角［J］．南京审计大学学报，2021，18（4）：71－81．

［6］陈彦斌，陈伟泽．潜在增速缺口与宏观政策目标重构——兼以中国实践评西方主流宏观理论的缺陷［J］．经济研究，2021，56（3）：14－31．

［7］陈雨露．金融发展中的政府与市场关系［J］．经济研究，2014（1）：16－19．

［8］程国平，刘丁平．社会融资规模作为货币政策中介目标的合理性［J］．财经问题研究，2014（9）：54－57．

［9］楚尔鸣，曹策，李逸飞．结构性货币政策：理论框架、传导机制与疏通路径［J］．改革，2019（10）：66－74．

[10] 邓贵川. 最优货币政策研究: 基于支付时滞和定价货币选择的视角 [D]. 武汉: 武汉大学, 2018: 11-15.

[11] 邓燕飞, 董丰, 徐迎风, 冯文伟. 价格刚性、异质性预期和通货膨胀动态 [J]. 管理世界, 2017 (9): 17-26, 187.

[12] 董华平, 干杏娣. 我国货币政策银行贷款渠道传导效率研究——基于银行业结构的古诺模型 [J]. 金融研究, 2015 (10): 48-63.

[13] 段永琴, 何伦志. 数字金融与银行贷款利率定价市场化 [J]. 金融经济学研究, 2021, 36 (2): 18-33.

[14] 范从来. 不应简单否定货币供应量作为货币政策中间目标 [J]. 金融信息参考, 2004 (8): 38-39.

[15] 范云鹤. 互联网金融对我国货币政策传导机制的影响 [D]. 合肥: 安徽大学, 2018: 21-23.

[16] 方先明, 熊鹏. 中国网络银行发展现状及对策研究 [J]. 社会科学家, 2005 (2): 87-89.

[17] 方显仓, 何康, 张卫峰. 结构性货币政策、经济环境不确定性与利率传导效率 [J]. 华东师范大学学报 (哲学社会科学版), 2022, 54 (6): 153-165, 180.

[18] 方兴, 郭子睿. 第三方互联网支付、货币流通速度与货币政策有效性——基于TVP-VAR模型的研究 [J]. 经济问题探索, 2017 (3): 183-190.

[19] 封思贤, 郭仁静. 数字金融、银行竞争与银行效率 [J]. 中国社会科学文摘, 2020 (4): 2.

[20] 冯科, 何理. 我国银行上市融资、信贷扩张对货币政策传导机制的影响 [J]. 经济研究, 2011, 46 (S2): 51-62.

[21] 傅秋子, 黄益平. 数字金融对农村金融需求的异质性影响——来自中国家庭金融调查与北京大学数字普惠金融指数的证据 [J]. 金融研

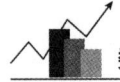

究, 2018 (11): 68 - 84.

[22] 高洁超, 杨源源, 范从来. 供求冲击、异质性预期与货币政策范式选择 [J]. 财经研究, 2019, 45 (3): 47 - 59.

[23] 关成华, 张伟. 数字金融对行业资源配置效率的实证研究——基于一级行业周收益率数据 [J]. 技术经济, 2022, 41 (7): 146 - 158.

[24] 郭峰, 王靖一, 王芳, 等. 测度中国数字普惠金融发展: 指数编制与空间特征 [J]. 经济学 (季刊), 2020, 19 (4): 1401 - 1418.

[25] 郭娜, 彭玉婷, 冯立. 影子银行、金融风险与宏观审慎监管有效性 [J]. 当代经济科学, 2021, 43 (2): 16 - 26.

[26] 郭豫媚, 戴赜, 彭俞超. 中国货币政策利率传导效率研究: 2008—2017 [J]. 金融研究, 2018, 462 (12): 37 - 54.

[27] 韩思达, 陈涛. 债券利率向银行贷款利率的传导机制研究 [J]. 国际金融研究, 2022 (5): 64 - 74.

[28] 韩珣, 李建军. 金融错配、非金融企业影子银行化与经济"脱实向虚" [J]. 金融研究, 2020 (8): 93 - 111.

[29] 何运信, 曾令华. 单目标制还是双目标制——基于总供给曲线特征的实证分析 [J]. 数量经济技术经济研究, 2004 (5): 113 - 119.

[30] 洪永淼, 林海. 中国市场利率动态研究——基于短期国债回购利率的实证分析 [J]. 经济学 (季刊), 2006 (1): 511 - 532.

[31] 侯志杰. 我国影子银行对货币政策传导机制的影响分析——基于 TVP - VAR 模型的实证研究 [D]. 太原: 山西财经大学, 2017: 54 - 59.

[32] 黄益平, 黄卓. 中国的数字金融发展: 现在与未来 [J]. 经济学 (季刊), 2018 (4): 1489 - 1502.

[33] 黄益平, 邱晗. 大科技信贷: 一个新的信用风险管理框架 [J]. 管理世界, 2021 (2): 21 - 52.

[34] 黄益平. 数字金融发展对金融监管的挑战 [J]. 清华金融评

论, 2017 (8): 63-66.

[35] 黄振, 郭晔. 央行担保品框架、债券信用利差与企业融资成本 [J]. 经济研究, 2021, 56 (1): 105-121.

[36] 黄卓, 沈艳. 数字金融创新促进高质量经济增长 [J]. 新金融评论, 2019 (4): 108-124.

[37] 纪洋, 谭语嫣, 黄益平. 金融双轨制与利率市场化 [J]. 经济研究, 2016, 51 (6): 45-57.

[38] 贾盾, 孙溪, 郭瑞. 货币政策公告、政策不确定性及股票市场的预公告溢价效应——来自中国市场的证据 [J]. 金融研究, 2019 (7): 76-95.

[39] 贾海涛, 苗文龙. 中国货币政策操作绩效的实证检验 [J]. 上海金融, 2009 (7): 41-43.

[40] 姜再勇, 钟正生. 我国货币政策利率传导渠道的体制转换特征——利率市场化改革进程中的考察 [J]. 数量经济技术经济研究, 2010 (4): 62-77.

[41] 蒋海, 张小林, 陈创练. 利率市场化进程中商业银行的资本缓冲行为 [J]. 中国工业经济, 2018 (11): 61-78.

[42] 蒋瑛琨, 刘艳武, 赵振全. 货币渠道与信贷渠道传导机制有效性的实证分析——兼论货币政策中介目标的选择 [J]. 金融研究, 2005 (5): 70-79.

[43] 解维敏, 吴浩, 冯彦杰. 数字金融是否缓解了民营企业融资约束? [J]. 系统工程理论与实践, 2021, 41 (12): 3129-3146.

[44] 金洪飞, 李弘基, 刘音露. 数字金融、银行风险与市场挤出效应 [J]. 财经研究, 2020, 46 (5): 52-65.

[45] 金中夏, 洪浩, 李宏瑾. 利率市场化对货币政策有效性和经济结构调整的影响 [J]. 经济研究, 2013, 48 (4): 69-82.

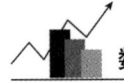

[46] 靳庆鲁,孔祥,侯青川. 货币政策、民营企业投资效率与公司期权价值 [J]. 经济研究, 2012, 47 (5): 96-106.

[47] 李苍舒,沈艳. 数字经济时代下新金融业态风险的识别、测度及防控 [J]. 管理世界, 2019, 35 (12): 53-69.

[48] 李建军,马思超. 中小型企业过桥贷款投融资的财务效应——来自我国中小型企业板上市公司的证据 [J]. 金融研究, 2017 (3): 116-129.

[49] 李琳,粟勤. 银行规模优势、关系建构与中小企业贷款的可获得性 [J]. 改革, 2011 (3): 114-120.

[50] 李青原,陈世来,陈昊. 金融强监管的实体经济效应——来自资管新规的经验证据 [J]. 经济研究, 2022, 57 (1): 137-154.

[51] 李逸飞,李茂林,李静. 银行数字金融、信贷配置与企业短债长用 [J]. 中国工业经济, 2022 (10): 137-154.

[52] 林东杰,崔小勇,龚六堂. 金融摩擦异质性、资源错配与全要素生产率损失 [J]. 经济研究, 2022, 57 (1): 89-106.

[53] 林木材,牛霖琳. 基于高频收益率曲线的中国货币政策传导分析 [J]. 经济研究, 2020, 55 (2): 101-116.

[54] 刘冲,庞元晨,刘莉亚. 结构性货币政策、金融监管与利率传导效率——来自中国债券市场的证据 [J]. 经济研究, 2022, 57 (1): 122-136.

[55] 刘金全,郑挺国. 我国货币政策冲击对实际产出周期波动的非对称影响分析 [J]. 数量经济技术经济研究, 2006 (10): 3-14.

[56] 刘澜飚,齐炎龙,张靖佳. 互联网金融对货币政策有效性的影响——基于微观银行学框架的经济学分析 [J]. 财贸经济, 2016, 37 (1): 61-73.

[57] 刘莉亚,余晶晶,杨金强,等. 竞争之于银行信贷结构调整是双刃剑吗——中国利率市场化进程的微观证据 [J]. 经济研究, 2017

(5): 131-145.

[58] 刘明康,黄嘉,陆军.银行利率决定与内部资金转移定价——来自中国利率市场化改革的经验[J].经济研究,2018,53(6):4-20.

[59] 刘明.信贷配给与货币政策效果非对称性及"阀值效应"分析[J].金融研究,2006(2):12-20.

[60] 刘锡良,文书洋.中国的金融机构应当承担环境责任吗?——基本事实、理论模型与实证检验[J].经济研究,2019,54(3):38-54.

[61] 卢锐,邢怡媛.股权分置改革、管理层薪酬业绩敏感性与机构投资者治理效应——基于中国上市公司的经验证据[J].上海立信会计学院学报,2011,25(5):3-12.

[62] 陆军,黄嘉.利率市场化改革与货币政策银行利率传导[J].金融研究,2021(4):1-18.

[63] 陆磊,杨骏.流动性、一般均衡与金融稳定的"不可能三角"[J].金融研究,2016(1):1-13.

[64] 马草原,李成.国有经济效率、增长目标硬约束与货币政策超调[J].经济研究,2013,48(7):76-89,160.

[65] 马骏,管涛.利率市场化与货币政策框架转型[J].中国金融,2018(12):34-35.

[66] 马骏,施康,王红林,王立升.利率传导机制的动态研究[J].金融研究,2016(1):31-49.

[67] 马骏,王红林.政策利率传导机制的理论模型[J].金融研究,2014(12):1-22.

[68] 马理,黄宪,代军勋.银行资本约束下的货币政策传导机制研究[J].金融研究,2013(5):47-59.

[69] 马文涛.货币政策的数量型工具与价格型工具的调控绩效比较——来自动态随机一般均衡模型的证据[J].数量经济技术经济研究,

2011, 28 (10): 92 - 110, 133.

[70] 孟娜娜, 粟勤, 雷海波. 金融科技如何影响银行业竞争 [J]. 财贸经济, 2020, 41 (3): 66 - 79.

[71] 潘珊, 龚六堂. 中国税收政策的福利成本——基于两部门结构转型框架的定量分析 [J]. 经济研究, 2015, 50 (9): 44 - 57.

[72] 彭红枫, 林川. 众筹参与者是"凑热闹"还是"真投资"——社会资本视角下基于"众筹网"的经验证据 [J]. 中国经济问题, 2018 (2): 83 - 101.

[73] 彭建刚, 王舒军, 关天宇. 利率市场化导致商业银行利差缩窄吗?——来自中国银行业的经验证据 [J]. 金融研究, 2016 (7): 16.

[74] 彭俞超, 何山. 资管新规、影子银行与经济高质量发展 [J]. 世界经济, 2020, 43 (1): 47 - 69.

[75] 钱雪松, 杜立, 马文涛. 中国货币政策利率传导有效性研究: 中介效应和体制内外差异 [J]. 管理世界, 2015 (11): 11 - 28.

[76] 强静, 侯鑫, 范龙振. 基准利率、预期通胀率和市场利率期限结构的形成机制 [J]. 经济研究, 2018, 53 (4): 92 - 107.

[77] 邱晗, 黄益平, 纪洋. 数字金融对传统银行行为的影响——基于互联网理财的视角 [J]. 金融研究, 2018 (11): 17 - 29.

[78] 饶品贵, 姜国华. 货币政策对银行信贷与商业信用互动关系影响研究 [J]. 经济研究, 2013, 48 (1): 68 - 82, 150.

[79] 尚玉皇, 郑挺国, 夏凯. 宏观因子与利率期限结构: 基于混频 Nelson—Siegel 模型 [J]. 金融研究, 2015 (6): 14 - 29.

[80] 沈悦, 郭品. 互联网金融、技术溢出与商业银行全要素生产率 [J]. 金融研究, 2015 (3): 160 - 175.

[81] 盛朝晖. 中国货币政策传导渠道效应分析: 1994—2004 [J]. 金融研究, 2006 (7): 22 - 29.

[82] 盛松成, 吴培新. 中国货币政策的二元传导机制——"两中介目标, 两调控对象"模式研究 [J]. 经济研究, 2008 (10): 37-51.

[83] 盛松成, 谢洁玉. 社会融资规模与货币政策传导——基于信用渠道的中介目标选择 [J]. 中国社会科学, 2016 (12): 60-82.

[84] 宋旺, 钟正生. 基于 MS-AR 模型的中国金融脱媒趋势分析 [J]. 财经研究, 2010, 36 (11): 115-126, 134.

[85] 孙国峰, 段志明. 中期政策利率传导机制研究——基于商业银行两部门决策模型的分析 [J]. 经济学 (季刊), 2016 (1): 349-370.

[86] 谭松涛, 阚铄, 崔小勇. 互联网沟通能够改善市场信息效率吗？——基于深交所"互动易"网络平台的研究 [J]. 金融研究, 2016, 429 (3): 174-188.

[87] 田国强, 赵旭霞. 金融体系效率与地方政府债务的联动影响——民企融资难融资贵的一个双重分析视角 [J]. 经济研究, 2019, 54 (8): 4-20.

[88] 万佳彧, 周勤, 肖义. 数字金融、融资约束与企业创新 [J]. 经济评论, 2020 (1): 71-83.

[89] 万晓莉. 我国货币政策能减小宏观经济波动吗？基于货币政策反应函数的分析 [J]. 经济学 (季刊), 2011, 10 (2): 435-456.

[90] 王君斌, 郭新强, 王宇. 中国货币政策的工具选取、宏观效应与规则设计 [J]. 金融研究, 2013 (8): 1-15.

[91] 王诗卉, 谢绚丽. 经济压力还是社会压力: 数字金融发展与商业银行数字化创新 [J]. 经济学家, 2021 (1): 100-108.

[92] 王曦, 汪玲, 彭玉磊, 宋晓飞. 中国货币政策规则的比较分析——基于 DSGE 模型的三规则视角 [J]. 经济研究, 2017, 52 (9): 24-38.

[93] 王曦, 朱立挺, 王凯立. 我国货币政策是否关注资产价

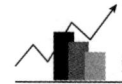

格?——基于马尔科夫区制转换 BEKK 多元 GARCH 模型 [J]. 金融研究, 2017 (11): 1-17.

[94] 王小鲁, 樊纲. 中国地区差距的变动趋势和影响因素 [J]. 经济研究, 2004 (1): 33-44.

[95] 王馨. 互联网金融助解"长尾"小微企业融资难问题研究 [J]. 金融研究, 2015 (9): 128-139.

[96] 王勋, 黄益平, 苟琴, 邱晗. 数字技术如何改变金融机构: 中国经验与国际启示 [J]. 国际经济评论, 2021 (9): 70-85.

[97] 王益君. 香樟推文系列之16: 通胀预期管理可以作为货币政策工具吗? [J]. 经济资料译丛, 2021 (3): 60-69.

[98] 王振, 曾辉. 影子银行对货币政策影响的理论与实证分析 [J]. 国际金融研究, 2014 (12): 58-67.

[99] 温信祥, 苏乃芳. 大资管、影子银行与货币政策传导 [J]. 金融研究, 2018, 460 (10): 38-54.

[100] 吴桐桐, 王仁曾. 数字金融、银行竞争与银行风险承担——基于149家中小商业银行的研究 [J]. 财经论丛, 2021 (3): 38-48.

[101] 吴桐桐, 王仁曾. 数字普惠金融发展与投资者"炒新" [J]. 财贸研究, 2020, 31 (11): 53-64.

[102] 吴晓求. 互联网金融——逻辑与结构 [M]. 北京: 中国人民大学出版社, 2015: 13-14.

[103] 夏斌, 廖强. 货币供应量已不宜作为当前我国货币政策的中介目标 [J]. 经济研究, 2001 (8): 33-43.

[104] 项后军, 周雄. 流动性囤积视角下的影子银行及其监管 [J]. 经济研究, 2022, 57 (3): 100-117.

[105] 谢家智, 吴静茹. 数字金融, 信贷约束与家庭消费 [J]. 中南大学学报: 社会科学版, 2020, 26 (2): 9-20.

[106] 谢平, 刘海二. ICT、移动支付与电子货币 [J]. 金融研究, 2013 (10): 1-14.

[107] 谢绚丽, 沈艳, 张皓星, 郭峰. 数字金融能促进创业吗?——来自中国的证据 [J]. 经济学 (季刊), 2018 (4): 1557-1580.

[108] 谢绚丽, 王诗卉. 中国商业银行数字化转型: 测度、进程及影响 [J]. 经济学 (季刊), 2022, 22 (6): 1937-1956.

[109] 徐明东, 田素华. 转型经济改革与企业投资的资本成本敏感性——基于中国国有工业企业的微观证据 [J]. 管理世界, 2013 (2): 125-135, 171.

[110] 徐宁, 刘金全, 于洋. 理解我国名义利率传导机制有效性的时变特征——基于DSGE模型的理论分析与TVP-VAR模型的实证检验 [J]. 南方经济, 2017 (7): 70-84.

[111] 徐忠. 经济高质量发展阶段的中国货币调控方式转型 [J]. 金融研究, 2018 (4): 1-19.

[112] 许光建, 许坤, 卢倩倩. 经济新常态下货币政策工具的创新: 背景、内容与特点 [J]. 宏观经济研究, 2019 (4): 5-17, 62.

[113] 许少强, 颜永嘉. 中国影子银行体系发展、利率传导与货币政策调控 [J]. 国际金融研究, 2015 (11): 58-68.

[114] 杨汝岱. 中国制造业企业全要素生产率研究 [J]. 经济研究, 2015, 50 (2): 61-74.

[115] 姚耀军, 董钢锋. 中小企业融资约束缓解: 金融发展水平重要抑或金融结构重要?——来自中小企业板上市公司的经验证据 [J]. 金融研究, 2015 (4): 148-161.

[116] 姚余栋, 李宏瑾. 中国货币政策传导信贷渠道的经验研究: 总量融资结构的新证据 [J]. 世界经济, 2013, 36 (3): 3-32.

[117] 易纲. 中国的利率体系与利率市场化改革 [J]. 金融研究,

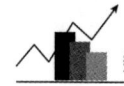

2021 (9): 1-11.

[118] 易纲. 综合施策精准发力进一步改进和深化小微企业金融服务 [J]. 中国金融家, 2018 (8): 20-23.

[119] 易行健, 周利. 数字普惠金融发展是否显著影响了居民消费——来自中国家庭的微观证据 [J]. 金融研究, 2018, 461 (11): 47-67.

[120] 尹振涛, 罗朝阳, 汪勇. 数字化背景下中国货币政策利率传导效率研究——来自数字消费信贷市场的微观证据 [J]. 管理世界, 2023, 39 (4): 33-46, 99, 47.

[121] 尹志超, 公雪, 潘北啸. 移动支付对家庭货币需求的影响——来自中国家庭金融调查的微观证据 [J]. 金融研究, 2019 (10): 40-58.

[122] 袁鲲, 曾德涛. 区际差异、数字金融发展与企业融资约束——基于文本分析法的实证检验 [J]. 山西财经大学学报, 2020, 42 (12): 40-52.

[123] 曾燕, 陈永辉. 互联网银行与信贷市场分配 [J]. 金融科学, 2018 (1): 94-108.

[124] 翟光宇. 货币政策、理财产品与微观主体存贷款选择——基于上市银行 2004-2013 年季度数据的实证分析 [J]. 当代经济科学, 2016, 38 (1): 36-47, 125.

[125] 战明华, 汤颜菲, 李帅. 数字金融发展、渠道效应差异和货币政策传导效果 [J]. 经济研究, 2020, 55 (6): 22-38.

[126] 战明华, 张成瑞, 沈娟. 互联网金融发展与货币政策的银行信贷渠道传导 [J]. 经济研究, 2018, 53 (4): 63-76.

[127] 张成思, 党超. 基于双预期的前瞻性货币政策反应机制 [J]. 金融研究, 2017 (9): 1-17.

[128] 张辉, 黄泽华. 我国货币政策利率传导机制的实证研究 [J]. 经济学动态, 2011 (3): 54-58.

[129] 张晓玫, 梁洪, 卢露. 网络借贷中信息不对称缓解机制研究——

基于信号传递和双边声誉视角 [J]. 经济理论与经济管理, 2018 (2): 64 - 80.

[130] 张旭, 文忠桥. 利率期限结构与货币政策效果分析 [J]. 金融经济学研究, 2013, 28 (2): 66 - 76.

[131] 张勋, 杨桐, 汪晨, 等. 数字金融发展与居民消费增长: 理论与中国实践 [J]. 管理世界, 2020, 36 (11): 48 - 63.

[132] 赵瑞娟, 秦建文. 金融供给侧结构性改革背景下的金融脱媒效应——基于利率和资产价格双渠道的分析 [J]. 中央财经大学学报, 2020 (9): 35 - 43.

[133] 赵亚雄, 王修华. 数字金融, 家庭相对收入及脆弱性——兼论多维"鸿沟"的影响 [J]. 金融研究, 2022, 508 (10): 77 - 97.

[134] 郑志刚, 李俊强, 黄继承, 等. 独立董事否定意见发表与换届未连任 [J]. 金融研究, 2016 (12): 159 - 174.

[135] 周波, 叶龙生. 金融创新、数量型货币政策中介指标有效性与货币政策转型 [J]. 经济问题探索, 2019 (7): 148 - 161.

[136] 周小川. 深化金融体制改革 [J]. 中国中小企业, 2015 (12): 58 - 61.

[137] Agénor P, Montiel P. Development macroeconomics (Fourth Edition) [M]. New Jersey: Princeton University Press, 2015: 148 - 150.

[138] Aleem A. Transmission mechanism of monetary policy in India [J]. Journal of Asian Economics, 2010, 21 (2): 186 - 197.

[139] Alesina A, Barro R J. Currency unions [J]. The Quarterly Journal of Economics, 2002, 117 (2): 409 - 436.

[140] Allen F, Gu X. Shadow banking in China compared to other countries [J]. The Manchester School, 2021, 89 (5): 407 - 419.

[141] Altig D, Christiano L J, Eichenbaum M, et al. Firm specific

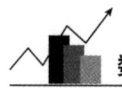

capital, nominal rigidities and the business cycle [J]. Review of Economic Dynamics, 2011, 14 (2): 225 - 247.

[142] Amstad M, Martin A. Monetary policy implementation: Common goals but different practices [J]. Current Issues in Economics and Finance, 2011, 17 (7): 79 - 92.

[143] Angeloni I, Ashyap A K, Mojon B, et al. The output composition puzzle: A difference in the monetary transmission mechanism in the Euro area and the United States [J]. Journal of Money, Credit and Banking, 2003, 35 (6): 1265 - 1306.

[144] Angori G, Aristei D, Gallo M. Banking relationships, firm - size heterogeneity and access to credit: evidence from European firms [J]. Finance Research Letters, 2020, 33: 101231.

[145] Aoki M, Dinç S. Relational financing as an institution and its viability under competition [J]. SIEPR Working Paper, 1997 (5): 19 - 42.

[146] Arellano C, Bai Y, Kehoe P J. Financial frictions and fluctuations in volatility [J]. Journal of Political Economy, 2019, 127 (5): 2049 - 2103.

[147] Armstrong C S, Guay W R, Weber J P. The role of information and financial reporting in corporate governance and debt contracting [J]. Journal of Accounting and Economics, 2010, 50 (2 - 3): 179 - 234.

[148] Auclert A. Monetary policy and the redistribution channel [J]. American Economic Review, 2019, 109 (6): 2333 - 2367.

[149] Avgouleas E, Kiayias A. The promise of blockchain technology for global securities and derivatives markets: The new financial ecosystem and the 'Holy Grail' of systemic risk containment [J]. European Business Organization Law Review, 2019, 20 (1): 81 - 110.

[150] Bai C E, Hsieh C T, Song Z M. The long shadow of China's fis-

cal expansion [J]. National Bureau of Economic Research, 2016, 47 (2): 129-181.

[151] Baker S R, Bloom N, Davis S J, Measuring economic policy uncertainty [J]. Quarterly Journal of Economics, 2016, 131 (4): 1593-1636.

[152] Beck T. Bank financing for SMEs-lessons from the literature [J]. National Institute Economic Review, 2016, 225 (1): 23-38.

[153] Beck T, Degryse H, De Haas R. et al. When arm's length is too far: Relationship banking over the credit cycle [J]. Journal of Financial Economics, 2018, 127 (1): 174-196.

[154] Berger A D, Goulding W, Rice T. Do small businesses still prefer community banks? [N]. Journal of Banking and Finance, 2014, 44 (1): 264-278.

[155] Berger A N, Udell G F. A more complete conceptual framework for SME finance [J]. Journal of Banking & Finance, 2006, 30 (11): 2945-2966.

[156] Berger A N, Udell G F. Small business credit availability and relationship lending: the importance of bank organisational structure [J]. Economic Journal, 2002, 112 (477): 32-53.

[157] Bernanke B S, Boivin J, Eliasz P. Measuring the Effects of Monetary Policy: A Factor-augmented Vector Autoregressive (FAVAR) Approach [J]. The Quarterly Journal of Economics, 2005, 120 (1): 387-422.

[158] Bernanke B S. Credit in the macroeconomy [J]. Federal Reserve Bank of New York Quarterly Review, 1993, 18 (1): 50-70.

[159] Bernanke B S, Mihov I. Measuring monetary policy [J]. The Quarterly Journal of Economics, 1998, 113 (3): 869-902.

[160] Blanchard O J, Watson M W. Are business cycles all alike? The American business cycle: Continuity and change [M]. Chicago: University of

Chicago Press, 1986: 123 –180.

[161] Blundell R W, Bond S R. Initial conditions and moment restrictions in dynamic panel data models [J]. Journal of Econometrics, 1998, 87 (1): 115 –143.

[162] Boivin J, Kiley M T, Mishkin F S. How has the monetary transmission mechanism evolved over time?[J]. Handbook of Monetary Economics, 2010 (3): 369 –422.

[163] Brownbridge M, Bwire T, Rubatsimbira D, et al. The impact of financial inclusion on the interest rate channel of the monetary policy transmission mechanism [J]. Bank of Uganda, Working Paper Series, 2017, 5.

[164] Calomiris C W, Ramirez C D. The role of financial relationships in the history of american corporate finance [J]. Journal of Applied Corporate Finance, 1996, 9 (2): 52 –73.

[165] Calvo G A. Servicing the public debt: The role of expectations-ScienceDirect [J]. Contributions to Economic Analysis, 1989: 241 –266.

[166] Campbell J Y, Mankiw N G. The response of consumption to income: a cross-country investigation [J]. European Economic Review, 1991, 35 (4): 723 –756.

[167] Campbell J Y, Pflueger C, Viceira L M. Macroeconomic drivers of bond and equity risks [J]. Journal of Political Economy, 2020, 128 (8): 3148 –3185.

[168] Carlstrom C T, Fuerst T S, Paustian M. Optimal contracts, aggregate risk, and the financial accelerator [J]. American Economic Journal: Macroeconomics, 2016, 8 (1): 119 –147.

[169] Chang C, Liu Z, Spiegel M M, et al. Reserve requirements and optimal Chinese stabilization policy [J]. Journal of Monetary Economics,

2019, 103: 33-51.

[170] Chen H, Li R, Tillmann P. Pushing on a string: State-owned enterprises and monetary policy transmission in China [J]. China Economic Review, 2019, 54: 26-40.

[171] Chen K, Ren J, Zha T. The nexus of monetary policy and shadow banking in China [J]. American Economic Review, 2018, 108 (12): 3891-3936.

[172] Chen Y, Du K. The role of information disclosure in financial intermediation with investment risk [J]. Journal of Financial Stability, 2020 (46): 100720.

[173] Chiu J, Koeppl T. Incentive compatibility on the blockchain [M]. Luxembourg: Springer International Publishing, 2019, 323-335.

[174] Christiano L, Ilut C, Motto R, et al. Monetary policy and stock market booms [J]. ECB Working Papers, 2008, 955 (10): 4-96.

[175] Christiano L J, Eichenbaum M, Evans C L. Nominal rigidities and the dynamic effects of a shock to monetary policy [J]. Journal of Political Economy, 2005, 113 (1): 1-45.

[176] Clarida R, Gali J, Gertler M. Monetary policy rules and macroeconomic stability: evidence and some theory [J]. The Quarterly Journal of Economics, 2000, 115 (1): 147-180.

[177] Claus I. Inside the black box: How important is the credit channel relative to the interest and exchange rate channels? [J]. Economic Modelling, 2011, 28 (2): 1-12.

[178] Cole H. Discussion of Gertler and Karadi: A model of unconventional monetary policy [J]. Journal of Monetary Economics, 2011, 58 (1): 35-38.

[179] Cotugno M, Monferra S, Sampagnaro G. Relationship lending, hierarchical distance and credit tightening: evidence from the financial crisis [N]. Journal of Banking and Finance, 2013, 37 (5): 1372 – 1385.

[180] Craig S, Hardee P. The impact of bank consolidation on small business credit availability [N]. Journal of Banking and Finance, 2007, 31 (4): 1237 – 1263.

[181] Curdia V, Woodford M. Credit spreads and monetary policy [J]. Journal of Money, Credit and Banking, 2010, 42: 3 – 35.

[182] De La Torre A, Peria M S M, Schmukler S L. Bank involvement with SMEs: beyond relationship lending [N]. Journal of Banking and Finance, 2010, 34 (9): 2280 – 2293.

[183] Deng S, Jiang P, Li S. et al. Government intervention and firm investment [J]. Journal of Corporate Finance, 2020, 63: 101231.

[184] Detragiache E, Garella P, Guiso L. Multipe versus single banking relationships: theory and evidence [J]. Journal of Finance, 2000, 55 (3): 1133 – 1161.

[185] DeYoung R, Kowalik M, Reidhill J. A theory of failed bank resolution: Technological change and political economics [J]. Journal of Financial Stability, 2013, 9 (4): 612 – 627.

[186] Disyatat P, Wongsinsirikul P. Monetary policy and the transmission mechanism in Thailand [J]. Journal of Asian Economics, 2004, 14 (3): 389 – 418.

[187] Dong Y, Yang X, Deng Z, et al. Black-box detection of backdoor attacks with limited information and data [C]. Massachusetts: The IEEE/CVF International Conference on Computer Vision, 2021. 16482 – 16491.

[188] Duqi A, Tomaselli A, Torlucci G. Is relationship lending still a

mixed blessing? A review of advantages and disadvantages for lenders and borrowers [J]. Journal of Economic Surveys, 2018, 32 (5): 1446 – 1482.

[189] Farboodi M, Veldkamp L. A growth model of the data economy [R]. National Bureau of Economic Research, 2021.

[190] Fazzari S, Hubbard R G, Peterson B C. Financing constraints and corporate investment [J]. Brookings Papers on Economic Activity, 1988 (1): 141 – 195.

[191] Ferri G, Murro P, Peruzzi V. et al. Bank lending technologies and credit availability in Europe: what can we learn from the crisis? . Journal of institution [J]. Money and Finance, 2019 (95): 128 – 148.

[192] Fiordelisi F, Monferra S, Sampagnaro G. Relationship lending and credit quality [N]. Journal of Financial Services Research, 2013, 46 (3): 295 – 315.

[193] Fischer S, Long-term contracts, rational expectations, and the optimal money supply rule [J]. Journal of Political Economy, 1977, 85 (1): 191 – 205.

[194] Florio A. The asymmetric effects of monetary policy [J]. Journal of Economic Surveys, 2004, 18 (3): 409 – 426.

[195] Friedman B M, Kuttner K N. Money, income, prices, and interest rates [J]. The American Economic Review, 1992: 472 – 492.

[196] Gali J. Galí J. Variability of durable and nondurable consumption: Evidence for six OECD countries [J]. The Review of Economics and Statistics, 1993, 75 (3): 418 – 428.

[197] Gama M. The interdependence between trade credit and bank lending: Commitment in intermediary firm relationships [J]. Journal of Small Business Management, 2015, 53 (4): 886 – 904.

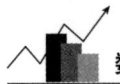

[198] Gambacorta L, Mistrulli P E. Bank heterogeneity and interest rate setting: what lessons have we learned since Lehman Brothers? [J]. Journal of Money, Credit and Banking, 2014, 46 (4): 753 – 778.

[199] Gambacorta L. Relationship and transaction lending: new evidence and perspectives [J]. Emerging Markets Finance and Trade, 2016, 32 (1): 70 – 75.

[200] Gertler M L, Karadi P. A model of unconventional monetary policy [J]. Journal of Monetary Economics, 2011, 58 (1): 17 – 34.

[201] Giannetti M, Simonov A. On the real effects of bank bailouts: Micro evidence from Japan [J]. American Economic Journal: Macroeconomics, 2013, 5 (1): 135 – 167.

[202] Gobbi G, Sette E. Do firms benefit from concentrating their borrowing? Evidence from the great recession [J]. Review of Finance, 2014, 18 (2): 527 – 560.

[203] Goldsmith R W. Financial structure and development [M]. New Haven: Yale University Press, 1969: 12 – 18.

[204] Goldstein I, Jiang W, Karolyi G A. To FinTech and beyond [J]. The Review of Financial Studies, 2019, 32 (5): 1647 – 1661.

[205] Gomber P, Kauffman R J, Parker C, et al. On the FinTech revolution: Interpreting the forces of innovation, disruption, and transformation in financial services [J]. Journal of Management Information Systems, 2018, 35 (1): 220 – 265.

[206] Gordon D B, Leeper E M. The dynamic impacts of monetary policy: an exercise in tentative identification [J]. Journal of Political Economy, 1994, 102 (6): 1228 – 1247.

[207] Gordon D B, Leeper E M. The dynamic impacts of monetary poli-

cy: an exercise in tentative identification [J]. Journal of Political Economy, 1994, 102 (6): 1228 – 1247.

[208] Gross D B, Souleles N S. Do liquidity constraints and interest rates matter for consumer behavior? Evidence from credit card data [J]. The Quarterly Journal of Economics, 2002, 117 (1): 149 – 185.

[209] Haan J D, Amtenbrink F, Waller S. The transparency and credibility of the european central bank [J]. JCMS: Journal of Common Market Studies, 2004, 42 (4): 775 – 794.

[210] Handa J. Monetary Economics [J]. Routledge, 2000, 62 (3): 257 – 267.

[211] Harris M, Raviv A. The theory of capital structure [J]. Journal of Finance, 1991, 46 (1): 297 – 355.

[212] Heiskanen M. Financial recovery from problem gambling: Problem gamblers' experiences of social assistance and other financial support [J]. Journal of Gambling Issues, 2017, 35 (5): 117 – 135.

[213] Hlazova A. Researching the problems of digital economy development as an indicator of the information society: potential threats and prospects [J]. Technology Audit and Production Reserves, 2021, 6 (4): 62.

[214] Hurst E, Keys B J, Seru A, et al. Regional redistribution through the US mortgage market [J]. American Economic Review, 2016, 106 (10): 2982 – 3028.

[215] Iddrisu A A, Alagidede I P. Revisiting interest rate and lending channels of monetary policy transmission in the light of theoretical prescriptions [J]. Central Bank Review, 2020, 20 (4): 183 – 192.

[216] Inaba K I, Ofarrell R, Rawdanowicz L, et al. The conduct of monetary policy in the future: Instrument use [J]. OECD Economics Depart-

ment Working Paper 1187, 2015: 135 – 140.

[217] Ippolito F, Ozdagli A K, Perez Orive A. The transmission of monetary policy through bank lending: the floating rate channel [J]. Journal of Monetary Economics, 2013, 95 (5): 49 – 71.

[218] Jagtiani J, Lemieux C. Do Fintech lenders penetrate areas that are underserved by traditional banks [J]. Journal of Economics and Business, 2018, 100 (12): 43 – 54.

[219] Jakšič M, Marinč M. Relationship banking and information technology: The role of artificial intelligence and FinTech [J]. Risk Management, 2019, 21: 1 – 18.

[220] Jansen D W, Kishan R P, Vacaflores D E. Sectoral effects of monetary policy: The evidence from publicly traded firms [J]. Southern Economic Journal, 2013, 79 (4): 946 – 970.

[221] Jensen M C, Meckling W H. Theory of the firm: Managerial behavior, agency costs and ownership structure [J]. Journal of Financial Economics, 1976, 3 (4): 305 – 360.

[222] Jin M, Zhao S, Kumbhakar S C. Financial constraints and firm productivity: Evidence from Chinese manufacturing [J]. European Journal of Operational Research, 2019, 275 (3): 1139 – 1156.

[223] Karlan D, Zinman J. Expanding credit access: Using randomized supply decisions to estimate the impacts [J]. The Review of Financial Studies, 2010, 23 (1): 433 – 464.

[224] Kolasa M. Structural heterogeneity or asymmetric shocks? Poland and the euro area through the lens of a two – country DSGE model [J]. Economic Modelling, 2009, 26 (6): 1245 – 1269.

[225] Kuttner R. The business of America. (Comment). (Brief Article)

[J]. American Prospect, 2001, 21 (12): 1-30.

[226] Levchenko A A. Financial liberalization and consumption volatility in developing countries [J]. IMF Staff Papers, 2005, 52 (2): 237-259.

[227] Levine R. Bank-based or market-based financial systems: which is better [J]. Journal of Financial Intermediation, 2002, 11 (1): 398-428.

[228] Levine R. Financial development and economic growth views and Agenda [J]. Journal of Economic Literature, 1997, 35 (2): 688-726.

[229] Lin X, Zhang Y. Bank ownership reform and bank performance in China [J]. Journal of Banking and Finance, 2009, 33 (1): 20-29.

[230] Ülke V, Berument H. Effectiveness of monetary policy under different levels of capital flows for an emerging economy: Turkey [J]. Applied Economics Letters, 2015, 22 (6): 441-445.

[231] Ma Y, Lin X. Financial development and the effectiveness of monetary policy [J]. Journal of Banking and Finance, 2016: 1-11.

[232] Mccallum B T. Monetary policy and the term structure of interest rates [J]. Economic Quarterly, 2005, 38 (1): 141-162.

[233] Mishkin F S. Financial consolidation: dangers and opportunities [J]. Journal of Banking and Finance, 1999, 23 (2-4): 675-691.

[234] Moore J, Kiyotaki N. Credit Cycles [J]. Social Science Electronic Publishing, 1997, 105 (2): 211-248.

[235] Mountford A, Uhlig H. What are the effects of fiscal policy shocks? [J]. Journal of Applied Econometrics, 2009, 24 (6): 960-992.

[236] Myers S C, Majluf N S. Corporate financing and investment decisions when firms have information that investors do not have [J]. Journal of Financial Economics, 1984, 13 (2): 187-221.

[237] Naeem K, Li M C. Corporate investment efficiency: The role of fi-

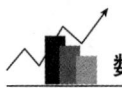

nancial development in firms with financing constraints and agency issues in OECD non-financial firms [J]. International Review of Financial Analysis, 2019, 62: 53 – 68.

[238] Ogura Y, Uchida H. Bank consolidation and soft information acquisition in small business lending [J]. Journal of Financial Services Research, 2014 (45): 173 – 200.

[239] Polanyi M. The logic of tacit inference [J]. Philosophy, 1966, 41 (155): 1 – 18.

[240] Powell D. Quantile regression with nonadditive fixed effects [J]. Empirical Economics, 2022: 1 – 17.

[241] Presbitero A F, Zazzaro A. Competition and relationship lending: friends or foes? [J]. Journal of Financial Intermediation, 2011, 20 (3): 387 – 413.

[242] Rudebusch G D, Svensson L. Eurosystem monetary targeting: Lessons from U. S. data [J]. European Economic Review, 2002: 417 – 441.

[243] Sedunov J. Does bank technology affect small business lending decisions? [J]. Journal of Financial Research, 2017, 40 (1): 5 – 32.

[244] Sheffrin S M, Sargent T J. Bounded rationality in macroeconomics [J]. Economica, 1995, 62 (245): 134.

[245] Sims C A. Interpreting the macroeconomic time series facts: The effects of monetary policy [J]. European Economic Review, 1992, 36 (5): 975 – 1000.

[246] Smith J M, Taylor J B. The term structure of policy rules [J]. Journal of Monetary Economics, 2009, 56 (7): 907 – 917.

[247] Song Z, Storesletten K, Zilibotti F. Growing like China [J]. American Economic Review, 2011, 101 (1): 196 – 233.

[248] Stiglitz J E, Weiss A. Credit rationing in markets with imperfect information [J]. The American Economic Review, 1981, 71 (3): 393-410.

[249] Tan Y, Floros C. Risk, competition and efficiency in banking: Evidence from China [J]. Global Finance Journal, 2018 (35): 223-236.

[250] Taylor J B. Discretion versus policy rules in practice [C]. Carnegie-Rochester conference series on public policy. North-Holland, 1993, 39: 195-214.

[251] Towbin P, Weber S. Limits of floating exchange rates: The role of foreign currency debt and import structure [J]. Journal of Development Economics, 2013, 101: 179-194.

[252] Townsend R M. Optimal contracts and competitive markets with costly state verification [J]. Journal of Economic Theory, 1979, 21 (2): 265-293.

[253] Uhlig H. Bayesian vector autoregressions with stochastic volatility [J]. Discussion Paper, 1996, 20 (3): 327-341.

[254] Walsh C E. Goals versus rules as central bank performance measures [J]. Central Bank Governance and Oversight Reform, 2015 (9): 109-154.

[255] Weise C L. The asymmetric effects of monetary policy: A nonlinear vector autoregression approach [J]. Journal of Money, Credit and Banking, 1999, 31 (1): 85-108.

[256] Woodford M, Walsh C E. Interest and prices: Foundations of a theory of monetary policy [J]. Macroeconomic Dynamics, 2005, 9 (3): 462-468.

[257] World Bank Group. World development report 2016: Digital dividends [M]. Washington D. C. : World Bank Publications, 2016. 202-114.

[258] Yamagishi J, Ayabe S. Settlement system using electronic money

and recording medium for electronic money informatio [P]. U. S. Patent Application, US20070063022A1. 2007 – 3 – 22.

[259] Yuan W, Ouyang D, Zhang Z. Did China's bank ownership reform improve credit allocation? [J]. European Economic Review, 2022, 141: 103782.

[260] Zhang X, Song Z, Zhong Z. Does "small bank advantage" really exist? Evidence from China [J]. International Review of Economics and Finance, 2016, 42: 368 – 384.

后　记

在落笔书写这段文字的时候，回想起完成这本书一路走来的点点滴滴，内心感触良多。从研究选题、理论构建到最后的数据分析与结论呈现，整个过程充满了挑战，也溢满了收获与成长的喜悦。

回想起初次接触"数字金融"和"货币政策利率渠道"这两个复杂的议题，虽然已经接触货币政策数年，但是要系统地论证这个问题对于还处于学术小白的我仍是一个巨大的挑战。面对冲击的变化、问题的更替、理论的困惑、数据的瓶颈，整个过程完全是靠着一股"初生牛犊"的无知无畏坚持下来。也正是靠着一次次的反复琢磨、不断修正重构的过程，才最终取得了令自己稍感欣慰的研究成果。

这本书聚焦于数字金融快速发展背景下货币政策利率渠道的传导问题。这一议题不仅关系到当前中国经济迫切的政策需求，更关乎数字经济时代下货币政策传导体系的理论创新。不同于已有研究聚焦于价格黏性、金融风险、制度障碍等问题，本书的研究尝试从金融市场结构特征变化视角切入，尤其关注数字金融发展如何通过改变金融市场摩擦，作用于货币政策利率渠道传导"黑箱"的路径识别。基于宏观总量效应分析与微观机制识别的相互印证，我们较为全面地刻画了数字金融对货币政策利率渠道传导的深刻影响，希望能为未来进一步的研究提供有益的启示。

尽管做了诸多尝试和努力，研究的过程总是伴随着遗憾与不足。本书的研究问题虽然已尽力展开，但仍然存在许多亟待深入探究之处。例

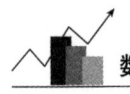

如，数字金融的迅速演变与人工智能的前沿创新，每一天都可能带来新的变量与冲击，我们的研究成果也只能在特定历史阶段的框架中提出有限的解释和建议。这些不足之处，已成为我们当下继续探索和攻坚的重要方向，包括探讨人工智能新冲击、关税战冲击、货币政策信贷渠道、结构性货币政策传导渠道，等等，课题组将不断完善整个研究体系，也期待能有更多学者加入这场关于新环境下货币政策传导问题的对话之中。

在书稿付梓之际，衷心感谢我的导师一路的指引和付出。战明华老师渊博的学识、严谨的治学精神，以及在学生遇到问题时给予的悉心指导和温暖鼓励，带给学生的不仅是一个个研究成果，更是不可估量的终身财富。此外，还要特别感谢师门的同窗伙伴，为我提供的无私帮助，这本书里的字字句句都离不开你们的鼓励和扶持。感恩师门这个温暖和谐的学术大家庭，特别感谢李帅师兄在研究过程中给予的细致耐心无微不至的指导帮助，还有王莉君、陈慧珍、李璐、纪晓丹、严匡穗、肖森亮、吴程熙、黄静瑜、杨书佳等同门手足为本书做出的无私支持和付出。是你们一路同行才让漫长枯燥的研究过程充满开心愉悦的体验。

最后，我要特别感谢一直支持我、鼓励我的家人。在漫长的研究之路上，他们无条件的陪伴和付出，才让我能够卸下包袱，始终轻装上阵，完成一个接一个的学术难题。

学无止境，未来的研究道路仍需负重前行。希望这本书的完成，既是一个阶段的总结，更是开启下一段研究征程的起点。期待我们未来能在金融发展、宏观经济与货币政策领域持续耕耘，也期待与更多同行、读者一起见证中国货币政策调控体系不断创新与变迁的精彩历程。